教育常识

（第二版）

李政涛 著

华东师范大学出版社

·上海·

图书在版编目(CIP)数据

教育常识/李政涛著.—2版.—上海:华东师范大学出版社,2016.2
ISBN 978-7-5675-4841-1

Ⅰ.①教… Ⅱ.①李… Ⅲ.①教育理论 Ⅳ.①G40

中国版本图书馆CIP数据核字(2016)第033561号

本书是人文社会科学重点研究基地华东师大基础教育改革与发展研究所重大项目"基础教育改革中教育理论与实践关系的中国特色研究"(课题批准号:11JJD880016)研究成果。

教师新知

教育常识（第二版）

著　者　李政涛
责任编辑　彭呈军
责任校对　邱红穗
版式设计　卢晓红
封面设计　杜静静　陈军荣

出版发行　华东师范大学出版社
社　　址　上海市中山北路3663号　邮编 200062
网　　址　www.ecnupress.com.cn
电　　话　021-60821666　行政传真 021-62572105
客服电话　021-62865537　门市(邮购)电话 021-62869887
地　　址　上海市中山北路3663号华东师范大学校内先锋路口
网　　店　http://hdsdcbs.tmall.com

印刷者　浙江临安曙光印务有限公司
开　　本　787毫米×1092毫米　1/16
印　　张　16
字　　数　212千字
版　　次　2016年4月第2版
印　　次　2024年12月第16次
书　　号　ISBN 978-7-5675-4841-1/G·9179
定　　价　48.00元

出版人　王焰

(如发现本版图书有印订质量问题,请寄回本社客服中心调换或电话021-62865537联系)

目录

第二版序言 / 1

从"常识"开始的教育(代序) / 1

人性常识:教育常识的根源 / 1

1. 教育常识的根源是人性常识 / 2
2. 每个人都是宇宙间的独一无二 / 4
3. 人始终是未完成的 / 7
4. 人只能自己去活着 / 10
5. 儿童的生长需要自有节律 / 14
6. 人在表演和观看中生长 / 19

教育理想常识:为每个人的幸福生活而教育 / 25

7. 教育不是雕刻,而是唤醒 / 26
8. 教育即"生命·实践" / 29
9. 教育眼光即生长的眼光 / 34
10. 教育立场即学生立场 / 37
11. 教育是需要悲悯、耐心和从容的事业 / 41

12. 教育是衡量好社会的尺度 / 49
13. 教育帮助学生开掘幸福之源 / 54
14. 教天地人事,育生命自觉 / 61
15. 教育的作用是有限的 / 67
16. 为每个孩子创造适合的教育 / 72
17. 好教育,是宽大、审慎和温暖的教育 / 76

教育过程常识:懂教育过程,才是懂教育 / 81
18. 教育过程知识,是最核心的教育知识 / 82
19. 教育的过程是转化的过程 / 88
20. 教育在表演和观看中展开 / 91

教育内容常识:创造性选择、解读和活化 / 97
21. 教育内容要生活化 / 98
22. 活化教育内容的方式是运用 / 103
23. 解读教材的三种眼光 / 111
24. 挖掘教学内容的育人价值 / 116

学生常识：教育最需要的常识 / 121

25. 读透学生是教育的出发点和依据 / 122

26. 孩子的内心是一个宇宙 / 127

27. 把儿童当儿童 / 131

28. 学生是教育的目的 / 135

29. 学生是种子，不是石头 / 137

30. 学习是一种艰苦的劳作 / 140

教师常识：做享受职业尊严和欢乐的创造者 / 145

31. 教师是创造者 / 146

32. 教师是熬炼教育智慧的人 / 151

33. 在师生相互提升中实现教学相长 / 155

34. 学会享受教学 / 159

35. 教师一句话，影响人一生 / 162

36. 教师最重要的学习能力是现场学习力 / 164

37. 做现实的教育理想主义者 / 168

38. 用理论的方式表达经验 / 171

39. 向名师学成长 / 175

40. 没有爱就没有教育 / 179

教学常识:既是技术,也是艺术 / 183

41. 教与学不可分割 / 184

42. 教学在互动中生成 / 187

43. 把课堂还给学生 / 191

44. 让教学充满生长的气息 / 198

45. 好课是实实在在的课 / 202

46. 让教学扎实的五大源泉 / 205

47. 把课堂变成课型 / 212

48. 把教法变成学法 / 217

49. 没有最好的方法,只有最适合的方法 / 221

50. 以结构化的方式教学 / 226

51. 教,是为了不教 / 230

说出"我"心目中的教育常识 / 233

参考文献 / 238

第二版序言

在书写常识中体会人生的意义

作为一个标准的书生,因为爱书而读书,也因为爱书而写书。最幸福快乐的事情,是能够"坐拥书城";最安详和安宁的时刻,是在书城安坐,所有的风声、雨声都成为读书声的背景音乐,有此意境,人生何求?

但有一天,在图书馆的茫茫书海中漫游,突然生发了一种疑虑,人世间已经有如此多的书了,我辛苦操劳出来的"新书",放在里面很快就被淹没被遗忘了,究竟有多大意义?

这种对意义的追问,变成一种难以挥去的阴影,时常笼罩我的键盘,是否持续不断的敲击声,最终将沦为空无甚至虚无的黑洞?曾有传道者言:虚空的虚空,凡事都是虚空。

或许,要避免在虚空中沉沦甚至堕落,从虚空中抽拔出来,为时常苍白惨淡的人生注入些许意义,惟有前行,前行,再前行,意义是在行走中,而不是在长吁短叹的忧思埋怨中获得的。我将继续以探究的方式,写作的方式,扎入生命的根基之中。这是一种可能的方式,也是适合我的方式。

自《教育常识》出版以后,出乎我的意料,竟然赢得了诸多知音,"我"眼中的常识,逐渐成为更多人眼中的常识,这样的转化是我所乐见的。如此,"我"的意义就转化为更多人的意义。在无意间成为"畅销书作家"的过程中,我或多或少转变了对"畅销"的成见。对于学术研究而言,"朝市之显学,必成俗学",但"畅销"并不必然等同于"低俗",至少有助于思想的传播扩展,在这一点上,我相信,真正拒绝和排斥的学人不会太多。探讨学问的过程,可以变成钱钟书所言的"大抵学问是荒江野老屋中,二三素心人商量培养之事",但问学之后的成果,却不妨"广而告之"、"扩而展之",于学于人于社会,都不无裨益。

此次新版,改动不多,大体是因为既然是"常识",就不会轻易变动,"积淀"本身有相对的稳定性。但这并不意味着,这是"所有"的教育常识,更不意味着对"新常识"的排斥。我期待着更多"新常识"的融汇,期待更多建设性的批评和意见。

从"常识"开始的教育(代序)

此书是写给天下所有教育者的。

在人类生活中,教育无所不在,教育者也随处可见。凡是试图促进他人的生长和发展、改变和提升的人,都是教育者。

为叙述方便和依循大众的语言习惯,不妨将"教育者"缩称为"教师"。有资格称为"教师"的人,不只是学校中以教书育人为业的人,也包括家长、各行各业的领导者、管理者和培训者,他们虽无教师之名,行的却是教师之实。

教师要做好教育之事,需要懂得教育的道理和知识。有无此道理和知识作为根底的教育,结果大为迥异。那么,哪些是教育者不能不知的有关教育的道理和知识,就成为一个需要明确的任务。本书就是为此而生的,是为"教师"而写的"教育常识",这是我长久以来的心愿,也是我的尝试,现在,它近在咫尺。

所以确立这样的任务,与我的人生体验和职业经历有关。

作为在"文革"中出生的人,我虽然没有直接经历过"文革"的风暴,但过程中的体验以及随后对"文革"历史的持续关注,使我产生了一系列极大的困惑:

为什么会有如此荒谬绝伦的年代?为什么会发生如此多的悲剧?为什么当时的人如此狂热、无知、愚昧?那些为数众多的具有良好理性思考能力、判断能力的学者与知识分子,为何也是如此?

这一切的根源是什么?

在我看来,就是社会弥漫着的对"常识"的无知和漠视,是对常识的尊重和敬畏的缺失。当年提出的很多观点和口号，制定的许多政策，包括教育政策，如"知识越多越反动"、"破四旧"、"停课闹革命"等都是极度缺乏常识的表现。那是一个无视常识、违背常识、批判常识的年代。失却常识让世界惶然失措，深受伤害。

沈从文在20世纪30年代提出的"文学是对人性的治疗"、"文学不应成为政治的附庸"，以及新中国成立后钱谷融提出的"文学是人学"，无非是"文学常识"而已，但却成为被口诛笔伐的对象，没有常识的文学反而大行其道。那个时代罕见的思想家，如顾准等人提出的观点，其实并无原创意义上的新意，只不过回到了常识而已。正是这样的常识，才使顾准这样的知识分子在那个蔑视常识的年代显得弥足珍贵，成为天籁之音。"文革"之后的改革开放，放出和放回的不过是常识，只是努力让中国社会的发展重新回到常识的轨道而已。比如，把经济发展放在首位，取代了阶级斗争；恢复高考，提升知识分子的地位；提出"实践是检验真理的唯一标准"、"知识就是力量"、"科学技术是第一生产力"等，无一不是对常识的回归和尊重。

"历经多年的动荡，今日我的灵魂，是教育的灵魂。"这句话有三个含义：我的灵魂是教育的产物，我的灵魂属于教育，教育就是我的灵魂。此外，还有另一层隐秘的内涵：经过多年的流亡漂泊之后，我的灵魂"叛逃"到了教育的世界，并且在那里安顿下来。这种安顿是一生的安顿。我的一生，从此成了皈依教育的一生。

自从确立以"教育"和"教育学"为志业以来，学会在教育实践和教育理论之间，在教育实践和政治实践、经济实践等其他类型的实践之间，在教育学理论和相关学科理论之间穿梭往来，似乎成为我命定的生存方式。我试图打破横亘于不同世界间的壁垒，让穿梭趋向自如流畅，但这并不是一个轻松的工作，过程中的艰涩、艰辛和艰难如人饮水，冷暖自知。

就理论和实践的关系而言，我感受到它们之间面临着许多共同的问题，其中之一与"常识"有关。教育学理论不分学科，无论新旧，也不论中外，都需要提炼出所谓"教育学常识"，不了解此常识就难言真正进入了"教育学世界"。教育实践更需要呈现最基本的"教育常识"，不掌握此常识就无法成为合格的"教育者"。两种常识又是互有关联的:教育学"有意"为教育实践提供"常识",以此显示自己的价值,但教育学提供的"常识"又有必要从教育实践常识中汲取、采择。"教育理论来源于实践,教育理论必须与实践相结合"——这是一个众人皆知的常识,它的另一种说法是"教育常识是教育学常识的源泉和根基"。这两种常识的关系并非本书关注的重点,我希望聚焦并和读者们交流探讨的是常识本身,即"教育常识"。

"教育常识"就是"有关教育的最基本且简单的事实性的知识与道理"。做事,需要掌握做事的基本道理;做人,则必须懂得做人的基本道理,如此才能成事成人。无论教育之人(如教师),还是教育之事(如教学活动),都要从懂得"最基本且简单的知识和道理"开始。通常所言的教师的基本功,来自于最基本的教育常识,这也应该是判定教师是否合格的标准。我们常常需要对那些被称为或自称为"教师"的人发问:请告知你所知道的教育常识,如果他张口结舌或默然不语,这样的"教师"可以摘帽离去。

所谓"简单",首先,是表述方式的清晰和精练,尽可能用一两句话把道理讲得清楚明了,如苏霍姆林斯基所说"任何人如果不能教育自己,也就不能教育别人",一句话就讲明了"教育者的教育是从自我教育开始"这个基本道理。其次,是运用的方便,具有可操作性,至少要具有可转化性,即转化为具体行为的可能性,是有可能被技术化的知识和道理,而不是书斋中的玄谈,更不是卧榻上的呓语。当然,不应把常识缩减为"操作手册"之类的东西,它还必须有情、有趣、有味,让理解者和运用者因为拥有了、运用了常识,而感受且享受到其中的趣味和快乐。生命的欢愉之一,来自于对常识的寻找和运用。生命的艰难,又何尝不是如此?无数历史事实表明,对常识的坚守不是件轻松的事情,因坚守对"常识"的信仰而殉难者,已是满天星斗。因对利益的追逐而放弃常识或把常识作为工具者,也比比皆是。

所谓"基本",有基础、本源或根本之意。"教育常识"理应是所有教育者及其教育活动的本源,无论是教育的思想,教育的技术、技巧和方法,还是教育智慧,都是源发于"常识"这一"根本"并从中流淌出来的,由此构成教育活动的基础,成为教师安身立命的基础。判定一位教师及其教育活动是否有根基,是看其灵魂深处具有多少"教育常识"的基础,更要看他的每一个教育行为细节中展现了怎样的"教育常识"。"基础"的另一个含义是寻常可见的事实性存在,它渗透弥漫于教育过程中的"时时、处处、人人",是无所不在、寻常可见和反复出现的事实。这样的事实才具备了成为"知识"的可能性。在"知识"的意义上,最容易被人理解的教育知识,才最可能被转化为教育实践。那些弥漫和渗透在教师日常教育生活中,成为教师的眼光,化为真实具体的言行,进而发挥出教育力量的知识,就是常识意义上的教育知识。

教育常识不是固定不变的,过去的常识,今天未必还是常识,新常识在新时代的出现也是寻常可见的事实。常识还具有一定的地域文化性,在中国的教育常识未必是美国或德国的教育常识,近年来的"虎妈狼爸式"教育引发的教育观念的冲突,实质是不同文化背景下的教育常识之间的冲突。常识也可能是一种"个人知识",别人眼中的常识,不一定是"我"心目中常识。

尽管常识具有时代、地域和个体的差异,但总是存在一些恒久不变的"常识",教育常识之"常",是一种"常道"和"常理",不管世事如何变迁,它都如星辰般安然悬置在寥廓的天际,需要我们去敬畏和仰望。

之所以倡导教育常识,是因为那些遍布世界的令人心痛的教育,几乎都与对常识的遗忘、对常识的违背和扭曲有着或明或暗的关联。

例如,不少教师总是津津乐道于教导学生认真读书,好好学习,但自己却不爱读书,不会学习,丧失了自我教育的欲望和能力。这显然是对"任何人如果不能教育自己,也就不能教育别人"的违背。坏教育导致的诸多悲剧往往是无视"教育常识"的结果,诸多所谓"差生"或"问题学生"的形成,究其根源,大都与教师对教育常识的无知和漠视有关,最常见的现象是:由于教师对学生的不尊重,导致学生对自己生命的不尊重。钱理群曾言:"教育难,难就在回到常识。"难的症结在于我们对常识既缺乏了解,更缺乏敬畏。教育者最大的无知,是对常识的无知,我们往往以为自己知道很多,但实际情形却是"我不知道'我不知道'"。教育中最可怕的缺失,是"对常识的敬畏"的缺失。

从"常识"开始的教育（代序）

如果仔细检视当代中国的各种教育改革，它们为中国教育带来的首要改变，是让教育回到了常识，把已往对常识的违背变成对常识的遵守，让教育常识重新成为教育的底线，成为教育生活的基础。诸多新理念或新观念，如"让课堂焕发生命活力"、"尊重学生的主体性"、"以学生为本"、"为学生一生的幸福生活奠基"等等，都是常识意义上的观念，是对长期被遗忘的教育常识的重新唤醒。一直被反复提及的时代转型，其实就是从湮没常识、漠视常识、篡改常识的时代，转向理解常识、敬畏常识、创造常识的时代。

带着严肃、认真和尊重的态度，找回和确立常识、倾听和理解常识、再思并创造新的常识，成为我们时代教育的重大任务。

对常识的寻求，对于教育理论也有重要价值。它可能导致一种转向的发生：让教育理论的生产转向常识，回到教育常识，基于教育常识去创造理论和运用理论。这种转向也有助于满足教育实践者长期以来对教育理论的一种吁求：请给我们常识！

对常识的探究，也有育人价值，它有可能使我们学会向常识追问教育的思想和理论，向常识索取教育的方法，进而把思考常识、运用常识、创生常识进而超越常识，变成自身的意识与习惯，化为我们理解教育世界，改变教育世界的眼光。这个眼光的实质就是：让教育回到常识，以常识作为教育的基础和起点。最终，使"回到教育常识进行教育"，成为教育常识的一部分。

对于教师而言，教育常识的获得，不仅需要发现和学习，更需要运用和创生。换言之，它不是被动的给予，而是主动的建构。唯有如此，教育常识才会扎根于内心之中，变成自我存在的根基。

我不希望与本书结缘的读者，把阅读此书的过程当成接受和灌输的过程，我期待的读者，是能够在思考、质疑、实践中完成自我建构的读者。理想的阅读，不是"六经注我"，而是"我注六经"。我的作用是"阶梯"、"管道"、"肩膀"，仅此而已。

既然回到并探究教育常识的意义已然知晓，梳理和运用何种常识就成为关键。本书试图提供的常识，既有名人的格言慧语，也有经典性的教育故事，还有自身对教育的体悟感言,无论是哪一种,我都希望它们是"真常识",这不仅是经过众人多年实践和岁月淘洗后验证过的"真",也是经由我个人精神行走中体悟过的"真",归根到底,它们主要不是思辨演绎和逻辑推演出来的"理性之识",而是经过生命体验和领悟,体现自我真性情的"体知之识"。

本书的写作伊始,我就告诫自己:要把自己放进去,讲述自身在教育的汪洋大海中沉浮浸泡,在茫茫知识草原中咀嚼之后,感悟、反刍出来的教育常识,每一条教育常识都力求讲述自己的体验,而不只是为大家早已熟知的常识作鹦鹉学舌式的广告宣传。

说到底,本书所讲的教育常识,首先是我自己眼中的教育常识,它绝非教育常识的全部,可能只是其中极少且微不足道的一部分,甚至有些是他人眼中的"谬论"。我无意替代他人视野中的教育常识,别人的教育常识很可能比我更丰富、更准确,但我要努力做到讲出我思考过、体验过因而确信过的教育常识,是在和已有常识的对话中"自己讲"和"讲自己"。

我相信,融入了真体验、真性情的常识,才是真常识。

这样的真常识,才会融入自己的血液和细胞,成为自身须臾不可动摇的根基。

人性常识:教育常识的根源

1. 教育常识的根源是人性常识

教育常识从何而来？有很多可能的答案：从古往今来的教育思想中来，从丰富的教育实践中来，从个人的感悟中来……如果要刨根问底，对人的理解和认识，是教育常识得以产生的根源。之所以有如此结论，与我的个人习惯有关：凡事总喜欢寻找根源，喜欢回到问题和现象的原点去探究一番。我相信，回到原点，就是回到根源，回到根源，就接通了地气，找到了生长和发展的源泉，如此，我们的思想和行动就有了源源不绝的动力。没有了根的花朵树木，是注定要衰败消亡的。

教育常识的原点，就是人性常识，也就是对人的天性的认识。在德国教育家第斯多惠看来，"教学必须符合人的天性及其发展的规律"。不符合或者无视人的天性的教育常识，是没有根基的教育常识。

人生虽然是短暂的瞬间，但它依然具备变为永恒的可能。如同诗人布莱克所吟："把无限放在你的手掌上，永恒在一刹那里收藏。"然而，没有根基的短暂和刹那却是虚无。

要获得合理的教育常识，前提是知晓有关人的常识。"如果教育学希望从一切方面去教育人，那么就必须首先也从一切方面去了解人。"乌申斯基的这番话同样适用于教育。教育既然是直面人、发展人的事业，那么，不懂得人，就不懂得教育。作为哲理散文家的周国平说得十分中肯："专门的教育家和教育学家，倘若不同时拥有洞察人性的智慧，说出的话便容易局限于经验，或拘泥于心理学的细节，显得肤浅、琐细和平庸。"衡量一位教师和教育理论研究者是否进入了智慧的境界，不仅要看他有没有与教育有关的实践智慧和思想智慧,更要看他有没有直捣人心、洞察人性的智慧,有没有形成自己独特的对人性的理解。达到此种境地的人,教育智慧和人性智慧已然形成了交融共生的状态,有什么样的人性智慧,就有什么样的教育智慧,反之亦然。

对教育最透彻的理解,往往浸润着对人生最通透的感悟。教育透,则人生透。人生不透,教育也难免隔靴搔痒。

我们不妨把教育的过程,变成体悟生命的过程。教育,就是对人的存在之谜和成长之谜的勘探。教育所以能够永恒,是因为它能以自己的方式,解开人类共同和永恒的存在谜底和生存难题,教育以不容替代的方式触及到了这个难题的内核:生命生长的难题。人的存在之谜,是在自身的生长和发展中逐渐得以展现并得到揭示的。如果人生是一幅画卷,画卷徐徐展开的过程,就是人的生命成长和发展的过程,教育就是这幅生命成长画卷的书写者、描绘者和解释者。教育需要像意守丹田一样意守人世重大的精神难点,像打开天门一样打通教育者和受教育者的生命发展和灵魂救赎之途。人生的密码就是教育的密码,它们相互构成,彼此揭示。

作为世界上最复杂的动物,对人的认识远未穷尽,但大抵已经形成了一些基本的常识。其中有一些与教育常识密切相关的常识,是具有源发意义和根基意义的常识,因而需要我们首先知晓。

教育常识的大门,就从这里开启。

2. 每个人都是宇宙间的独一无二

我很瘦,这是我"赖以成名"之处。许多人因此把我作为一个标杆来衡量一个人瘦的程度,如"瘦得跟李政涛似的"。还有一些朋友经常向我反映在某时某地见到某一个人:"和你非常像,简直像一个模子刻出来的一样。"我也时常亲眼目睹某人竟然长得和我如此之像,因而惊诧不已。但我总是能够清醒过来,并保持充分的自信:即使如此,他还是他,我还是我。

这个世界如此丰富多彩,一个共识早已达成:世界上没有两片相同的树叶,哪怕它们来自同一棵树;没有两粒相同的沙子,哪怕它们出自同一片海滩。世界上也没有两个完全相同的人,哪怕他们是双胞胎,我们依然能够辨别出两人诸多的差异。造物主的奇妙就在于此:让每一个受造物都呈现出自己的个性,都在这个宇宙间发出属于自己的光芒。人与人之间可以无限地走近,但永远不可能成为对方,成为对方的距离是无限的。

如今,人类已经开始"胆大妄为"地尝试"克隆人"了,这带给我们的既有恐慌,也有欣喜:对个体生命而言,也许可以通过造就"克隆人"的方式,让自己这个必将流星般从宇宙中消逝的生命,得以在复制中延续。我无数次做过这样的假设:当我大限来临之际,可从我的耳朵处取一个细胞,克隆出另一个"我"来,如此我就可以放心地离开这个世界,因为已有一个人能够延续我的生命存在……然而,"他"真的可以替代"我"而成为原来的"我"吗?仔细琢磨,却生出了悲凉的滋味。他可以继承我的容貌,但不能保证他承接我的性格和志趣,他可以存留我的理想,但不能确保他会以我过去的方式经历同一个实现理想的过程,有一点是毫无疑问的:他已经不可能经历我的生命历程,不可能在同一间教室,面对同一位教师,与同一群人成为同学,接受同样的教育,他们作为环境的一部分,对我的影响已经不可复制;他也难以和同样的异性结婚,除非我的妻子也造出一个克隆人,还得保证她必须得看上"我",愿意与"我"结合,这个难度系数相当之大……我们克隆相貌,但不可能克隆生命历程,有不同的生命历程,就必然会有不同的人生。自古流传至今的常识说:人不可能踏进同一条河流,因为河流中蕴涵的时间之流和空间之流永远在变化,正是这样的永恒之变,使人生充满了变数,充满了偶然性和不确定性,因而变出了不同的生命个体,变出了不同的人生。

每个人都有其命定的独特,一旦诞生,就是这个宇宙间的独一无二,不管他多么聪明或愚钝,多么伟大或卑微,多么幸福或悲惨,都是不可替代的宇宙存在,都是前无古人后无来者的生命,正因为如此,每个生命才显出了珍贵。人的尊严,其实也正来自于此。所谓自由、平等、博爱,不也源自于此吗?应该允许每个人展现和发展他的独特,每个人的独特都是平等的,不应存在独特意义上的等级划分,不存在"我"的独特高于"你"的独特,无论他是何种职业、地位、身份,拥有多少财富,每个人在独特的意义上都是平等的,都需要用博大的爱去包容、去尊重、去呵护独特意义上的自由和平等。

每个生命都是不可重复的,即使生命有轮回,原有的生命可以再来,但却不可重复,此花已非彼花,此生已不复往生。对教师而言,就是去爱每个孩子、每个学生那永不可重复的生命,爱的方式就是不知疲倦地发现、珍视,并通过教育的方式成全或造就他们的独一无二,像卢梭所说的那样:

> 把握个性特点,做到有的放矢。每一个人的心灵有它自己的形式,必须按它的形式去指导他,必须通过它这种形式而不能通过其他的形式去教育,才能使你对他花费的苦心取得成效。(卢梭,1979[*])

---

[*] 此为引文的文献(包括汇编类著作)出版年。下同。据此可查阅本书末的参考文献。——著者注

所谓的"成效"表明：每个人的独一无二,既是天赋形成的,也是后天造就的,教育是其中最重要的造就方式,教育就是为了人的独一无二而来的,所以,英国哲学家洛克说："人类之所以千差万别,便是由于教育之故。"

人的独一无二,既是教育的起点,也是教育的终点。

教育者赖以自豪的成功,就在于他们能够自信地宣告：我培养出的每一个学生,都是宇宙中独一无二的,我参与创造了他的独特。

3. 人始终是未完成的

我们时常用"成人"或"成才"来形容并判断一个人,其中的"成"包含有"已成"之意。人们习惯于用"成了"还是"未成"来判定一个人的发展,"成"则意味着一切尘埃落定,变为既定事实,于是皆大欢喜,并为之欣欣然……校长们常常这样来向社会推销他们的教育成果:我们每年为社会输送了多少人才;教师们也以同样方式表达自己的骄傲:我精心培养了多少"已然"成才的学生。

有一年,我家乡县中的两个学生分别考上了北大、清华,在全县产生了"地震效应",这是恢复高考以来的头一遭。县城主干道上挂出了醒目的横幅,他们的名字日夜在空中飘扬,陡然成为街头巷议的焦点。校长和教师们自然也激动不已,无论是在学校的大小会议,还是各种类型的酒桌上,他们以恩师的姿态和各种方式竞相表明,这个学生的成功与自己有这样那样的关系。一个只教书半年左右,后来因为精神疾病而在家休养的老师,病情急剧好转,乐颠颠地跑到教育局长那里唠叨:这两个学生我都教过的,都是我一手教大的……成"才"后的学生们也踌躇满志,自信可以带着"才"的面貌走向社会,施展"才"华。

我自己同样如此。写作此书时,正值 2012 年新年初,此时的我刚好 42 岁,按照联合国新近颁布的标准,42 岁即已正式步入中年。处在人生中年期的我,如果蓦然回首,作个小结:今日之我,是否已经成才? 在旁人眼中,如果不显得过于乐观高调的话,相信不少人会给予肯定的答案,于是我自己也不觉间欣然接受,俨然"成了人才"。"成才"之后的我,每到岁末年初,有一个持续多年的习惯:躲开周遭的喧嚣狂欢,遁入书房之中,在黑暗中静思默想一年来的得失。其中一个重要的思考内容:在已逝去的一年中,哪些想法和规划成了,哪些未成,成与未成的原因何在?这说明,我常年带着成与不成的思维定式,做着例行的年度反思。

在众人对"成才"的迷醉式想象中,德国大哲海德格尔却以哲学家式的冷静告诉我们:人始终是未完成的,这是人之为人的基本特性。人所以是未成的,原因在于人是充满了可能性的动物,他从不会把自己的发展固着于某一点,而是不断向各种可能性敞开。已经完成的只是人的某种可能性,而非全部的可能性,总有新的尚待完成的可能性在某时某地酝酿和涌现,等候着人去实现。即使那已经实现的可能性,依然有变化发展的可能。

人有了可能性,就有了可塑性,教育才有了可能。这是所有教育的必要前提:人如果不具备因可能性而来的可塑性,教育就失去了存在的意义。也正是因为这个原因,除了满足吃、喝、性等基本的生理需要和种族延续的需要之外,只有人类才会有"教育"这个独特的实践活动,再美的花朵不会有教育,再强悍的狮子不会有教育,再灵敏的猎狗也不会有教育,因为它们不具备人的那种丰富的可能性与可塑性,前者的一切都被基因所限制所框定。但人的一生充满了可能性,这是生长和发展意义上的可能性。人类到底有多大的发展可能性,这是一个永远不会有答案的问题。当我们坐着飞机,看着飞船,打着手机,使用着互联网,目睹着一代代人创造出不同的生活方式的时候,我们就会充分体验到什么是人的可能性。更让人自豪的是:人的可能性本身也处在不断的丰富和增值之中。与过往之人相比,今日之人具有的可能性远为丰富多样,未来之人又将具有何等可能性?任何想象力都难以穷尽。

教育,就是在求证人性和生命的可能性,也是在引领和拓展这种可能性。

由于人充满了可能性,是未完成的存在,人的生命因而始终是面向未来的,处于绵绵不绝的生成之中,直到生命的终了。在这个意义上,所谓"早夭",不是生命的过早终止,而是人的生长和发展可能性的终止或丧失,是继续生长之门的关闭。"事"可以成,但"人"永远未成。不是考上了大学,就是成了;不是走出校门,走上工作岗位,就是成了;不是获得了博士学位,赢得了多少头衔和荣誉,就是成了……所有的"成"都是相对而言的,相对于已往的自己;但相对于未来的自己,人始终处于未成的状态,各种可能性总是在前方默然守候。谁未成的可能性越多,谁的未来世界就越广阔越丰富,前途就越远大。

人就是这样的存在:始终保持着未完成的状态,总是带着已成的可能性,走向新的可能性。这就是"终身教育"背后的人性常识。

4. 人只能自己去活着

生而为人，与动物相比，我们生命存在的最大特征，是能够跳出自我，把自我的生活本身作为对象加以审视和省察，他会为自己的"活着"树立一个标杆，所有的行动都是朝着这个"标杆"的直跑，并不时依照"标杆"，对自己"活着"的状态和品质进行评判，这种评判本身就是人"活着"的证明。

人只有具备对活着本身进行反思的意识与能力，才是真正的"活着"。

人人都想过美好幸福的生活，虽然各人对"幸福"的理解和标准有所不同，追求幸福生活的方式也有差异。无论世界上有多少五花八门的生活方式，有一点却是确定无疑的：如同每个人必然到来的死亡只能自己承受，没有谁能替代他自己的死一样，每个人的活，也只能自己活，而不能被任何人替代着活着。所以，叶澜说：人永远只能自己活着。这是所谓人的"主体性"、"自由性"、"自为性"等存在的前提。即使人身陷囹圄，他依然是自己活着，关押他的人，只能剥夺他行动的自由，却无法替代他活着。当年的曼德拉也好，金大中也好，在长达十几年的牢狱生活中，失去的只是人身自由，但他们依然在那个狭窄、阴暗、污秽的空间中自己活着，他们依然有选择并坚守自己信仰的能力，依旧在进行纯然独立自由的思考。

然而，这只是人性的一个方面。人性中似乎还潜藏着另一种基因：替代别人生活的欲望。替别人选择价值观，替别人作出各种判断，替别人回答什么是美好幸福的人生，替别人对一些或重大或微小的问题进行思考……替代的结果，就是强加和剥夺，把自己的生活方式强加给他人，剥夺别人"自己活着"这一天赋的权利。

尽管如此，他们最终仍然无法改变一个事实：那些被他们试图替代的人，最终还是自己活着。"被活着"是暂时的现象，"自己活着"是永恒的本质。

"自己活着"之所以是人之为人的本质，在于人的存在特性。歌手汪峰创作的《存在》，是我最喜欢的歌曲之一，它追问了一个颇具"人味"的问题：我究竟该如何存在？海德格尔的回答方式别具一格：人的存在，不是存在，而是"去存在"。有"去"和没有"去"的存在是大不相同的。"去"意味着主动性的趋向，是在主动的选择和行动中体现出的存在。这种主动性与人的可能性有关。尽管人类普遍具有可能性，但具体到个体，每个人的可能性又千差万别。影响和决定一个人的可能空间大小的因素，除了天赋之外，还要看各人的主动性，谁能够主动积极把自己的可能变为现实，谁竭尽所能为自身创造新的可能，谁就有更多的生长与发展的可能性。"去存在"之"去"，就是"主动"，就是"自觉"。

有多少主动性，就有多少存在和发展的可能性。丧失了主动性，就失去了更多存在和发展的可能性。

活着就是"去"活着，它是对"被活着"的一种超越，也是人之为人应有的存在本性。在西方广为流传的《荒漠甘泉》一书中，作者考门夫人讲述了一个故事：

> 她收藏了一个天蛾的茧，它的一端是一条细管，另一端是个球形的囊。当蛾出茧之时，它必须从球形囊中爬过那条极细的管，然后脱身休息片刻，继而振翅高飞。蛾的身体那么肥大，而那条管子那么狭窄，人人都惊异于它是怎样从细管中爬出来的。它必定会遭遇许多艰难，付出很多代价才能达到目的。天蛾出茧的一天到了。那天考门夫人守在一旁，看它如何努力地挣扎奋斗，但迟迟没有多大进展，似乎没有出来的希望了。考门夫人渐渐失去了耐心，在同情心的支配下，她决定帮帮它的忙：拿起小剪把茧上的丝剪薄了一些，以为这样一来它就可以更快更顺利地爬出来。果然，天蛾毫不费力地爬出来，身体反常的臃肿，翅膀异常的短小。考门夫人带着热切的盼望注视着它，希望看到它舒展自己的翅膀，显露出细

致精巧的彩纹,没有想到的是,它非但没有拍着翅膀奋力飞翔,反而蠕动了一会儿工夫就死了。据生物学家的观察,它还是蛹的时候是没有翅膀的,脱茧的时候,它要经过极艰苦的挣扎,以使身体内部的一种分泌液流到翅膀中去,才能生出强有力的翅膀来。这只天蛾的生命就这样被考门夫人"温柔"和"慈悲"的替代毁掉了。

天蛾如此,人更是如此。大量医学研究证明:剖腹产会影响孩子大脑的发育,并对成年后部分肢体的功能产生不利影响。剖腹产而生的儿童某些方面明显不如正常生产的儿童,原因在于后者是从产道中自己"去"挣脱出来的,产道的挤压是对幼儿大脑的一次必要的抚摸和锻炼,而后者则是"被"拖出来的,这样一个貌似轻飘的被替代的舒适过程,实际上构成了一种对身体的损伤。医生的替代看似帮助了幼童,但却跟考门夫人一样造成的是"慈悲的伤害"。

教师是这个世界上最可能也最容易替代他人的那一类人。由角色而来的天然的优越感,也为了履行教育者的职责,完成教育的任务,他们常常忍不住用自己的问题替代学生的问题,用自己的观点替代学生的观点,用自己的思考替代学生的思考等等,最终培养出来的人无头脑、无能力、无智慧,更无独立人格。或许,这就是没有人性常识的教育造成的人间悲剧的根源。

教育,不是替代学生选择、替代学生思考,而是赋予学生选择和思考的能力。对于作为生命存在的个体学生而言,教育唯一能做的,不是替代他活着,而是促使他拥有更好的"自己去活着"的能力。

有人说得好,一个人的智商与生俱来,就像父母给你的一个空杯子,而要想让杯子里的水清澈甘甜,就需要每一个人为此而努力。换言之,杯中之水的含量和成分,以及其中蕴涵的生命能量,不取决于父母的给予,而是靠自身的添加和赋予,靠自己努力造就的"核反应堆"通过"核聚变"而来。

一个具有纯粹人性的人,不会一味等待别人的恩赐,依赖于他人给自己的杯里倒水,而是拥有"自己给予自身"、"自己丰富和发展自身"的力量,自己成为自己的"荒漠甘泉"。这样的人,就是"去存在"。

  这种在"自给予"中"去存在"的能力并非与生俱来,需要教育力量的介入和引导。所谓生命的"主体性",以天赋的权利为起点,却以后天的教育造就作为终点。人的自由选择,在权利上是天赋的,但在能力上却是有待被教育赋予的。面对如此繁多的人生选择,幼稚单纯的孩童有抉择的权利,却往往无抉择的能力。这就是教育存在的价值,它把人的权利变成了人的能力,从而把可能变成了现实。

5. 儿童的生长需要自有节律

这是一个"游戏"狂欢的年代，大人小孩没日没夜坐在游戏机前的欢乐场景随处可见。但我却对游戏机有根深蒂固的"深恶痛绝"，认为它在满足人的某种低级需要的同时，又把人送入了堕落的轨道，至少它是对教育力量的一种抵制和消解。我因此禁止儿子玩游戏。一开始，他小心翼翼地遵守我的"禁令"。但随着年龄渐长，到了四年级，问题出现了。每到周末，他就从家中消失不见——跑到同学家里玩游戏去了。虽然在我的严厉呵斥下稍有收敛，但"偷偷玩"逐渐成为他的习惯。最严重的问题在于，他班上的男同学几乎人手一台游戏机，大家聚在一起交流的话题就是谁在玩什么游戏、哪里可以找到最新版本的游戏。我儿子既没有游戏机，也不了解这些最新动态，在旁边傻站着干瞪眼，结果被这个交际圈"边缘化"了。出于对"孤独"的恐惧，他开始频繁与我吵闹……类似的情形还有"看电视"，自从读了波斯曼的《童年消逝》后，我就对他的观点深信不疑：电视导致了对童年概念的破坏，它不能提供儿童成熟需要的理性，阻碍人的自制能力、复杂的抽象思考能力、关注历史与未来的能力，以及注重理性和秩序的能力等的发展。我一直严控儿子看电视的时间，频繁地给他讲看电视的危害，但这种讲大道理的方式基本上沦为"虚空"，他看电视的时间已经从最初的半小时，慢慢延长到一个小时、两个小时……眼见我的管教有些 hold 不住了。

我不得不停下来思考：为什么这一代的青少年如此热衷于玩游戏、看电视？后来看到一个关于儿童与媒介关系的研究，才豁然领悟，症结在于儿童的需要。这个研究用大量数据表明，当代儿童对媒介有娱乐、逃避现实、情绪刺激、社会学习、交往等需要,而且儿童选择不同的媒介,说明他要借此满足不同的需要。他玩游戏,是为了满足放松与逃避现实和情绪刺激的需要;看电视,说明儿童存在着放松与逃避现实、情绪刺激、交往诉求和现实性等需要;阅读书籍,则与逃避现实、现实性、快乐诉求和安静诉求等需要有关。

如此一来,我面临的问题就不再是要不要让儿子玩游戏、看电视,而变成了是否有必要满足他的这些需要?除了游戏、电视之外,还可以提供什么手段帮助他满足这些需要?我的家庭教育实践证明,一味地禁、堵、罚不是有效的办法,我的"教育失败"不会是特例。人的需要就是人性的一部分,任何违背人的需要因而违背人性的管理和教育,都可能会带来失败。在"文革"时期,以压制人的基本需要、压抑人性为基本特征的管理方式,已经证明带来的是灾难和浩劫。所谓的改革开放之"放",是解放人性之"放",是释放出吃、穿、住、行等基本的生活需要之"放"。虽然这可能会带来"人欲横流"或"纵欲"的问题,但一部人类文明史早已证明,人的欲望和需求是推动人类进步的内在力量。问题的关键不在于人的欲求是否需要压抑或释放,而在于如何把这种欲求变成促进人类成长和发展的健康力量。

人类的需要本身也处在发展之中,在不同的历史阶段,人类会产生并且也会创造出不同的需要。乔布斯的天才和成功之处,就在于为当代人创造了使用苹果手机和平板电脑的需要,并把这种需要变成了一种时尚和潮流,人类的需要内涵和层次因为这些电子媒介的出现而"更新换代"。

在个体生命的发展历程中,有些需要恒久不变,有些需要则处在成长变化之中。儿时的我,喜欢阅读《安徒生童话》,那是一个美好得令人心碎的世界,之后又迷上了卡夫卡、川端康成、村上春树的小说,再后来克尔凯郭尔、雅斯贝尔斯、海德格尔的哲学著作成为我的"新宠",从中不仅使我逐渐探入真实的世界,而且得到了思维的乐趣,当年的童话世界已经一去不复返……人的生长,意味着"需要"层次和品质的生长,"需要"本身的变化生长的过程,同时也就是人的生长过程,它们共同构成了"人的生长需要",它是"因生长而带来的新需要"和"因需要变化而带来的新生长"之间的融通转化。

教育的眼光,就是生长的眼光。以此眼光观照儿童走向成人的生命历程,可以得出三个结论:

第一个结论:儿童的生长,就是需要的生长。

教师需要时常追问:孩子的需要有没有因为教育力量的介入而生长?如果他的需要始终停滞不前,往往意味着教育的失败。更要追问:我有没有用孩子过去的需求,来看待和要求孩子今日的需求,并把孩子今日之需求视为固定不变的,因而替代了孩子未来可能产生的新需求?

教育的任务,首先是发现并且满足儿童的生长需要。我们在儿童生长过程中发现的许多问题,其实不是"问题"而是"现象",是生长需要的一种具体诉求。当孩子只在同伴面前眉飞色舞,但在父母面前却沉默寡言的时候,这说明他有了与同伴交往的需要;当孩子开始频繁地把目光投向异性,关注自己的仪表和形象的时候,这不是问题,而是正常的生长需要,说明孩子的性别意识开始觉醒,从朦胧到清晰;当学生在某个阶段普遍出现对班干部不满的现象,不能简单归结为班级工作的问题,而可能是反映学生有了较强的自我表现欲望和参加班级管理的欲望,希望自己有机会抛头露面,赢得教师欣赏和同学们的瞩目。所以三年级的学生容易"乱",不仅在于他们的独立需求强了,更在于三年级学生有很强的自我表现需要,但是不会筹划,不会想办法处理冲突、解决问题,因而学会如何筹划和解决由"自我表现需求"而来的新问题,转化为他们的生长需要……这些现象不是需要我们去制止的"洪水猛兽",而是"生长现象",受到"生长需要"的支配,需要我们去发现、理解、尊重并尽力使之满足。

第二个结论:儿童的生长需要,不仅需要满足,更需要提升。

教育的内在困境在于:儿童的需要必须得到满足,否则会损害生长动力,制约正常发展,带来性格扭曲和偏执,甚至造成生命发展的灾难。不过,不是所有的儿童需要都是健康和有益于成长的,如果一一满足,无异于"纵欲"。教育者为此需要对儿童的欲求加以甄别、引导和提升。例如,针对儿童的游戏需要和看电视需要,我们可以和儿童一起讨论和确定:什么样的游戏和电视是不好的或好的,为什么?如可以帮他选择具有思考价值和历史知识内涵的游戏。美国、英国等国的"媒介素养教育"提供了提升儿童需要的典型范例。

某年某女歌星在一个电视直播晚会上载歌载舞中扯掉了胸衣,不该裸露的器官当众敞开,导致舆论哗然。按常理,这样的节目是典型的儿童不宜,但美国的中小学没有采取鸵鸟战术,而是直接将这段录像在课堂上播放,组织学生讨论:电视台应不应该播放这样的节目?这样的节目有何危害?这个歌星的行为是否恰当?随后布置两个家庭作业:写一封"建议信",给电视台主管;写一篇"作文",对歌星的行为发表评论。多次经历如此教育的儿童,逐渐形成的是对电视节目的选择力和判断力,这样既满足了儿童的电视需要,也提升了他们的需要,并因此而得以健康地生长。

第三个结论:儿童的生长需要,有自身的节律。

在这样一个偶像丛生的时代,偶像崇拜成为孩童生长中的必备环节。每个时代都有时代偶像。在我成长的 20 世纪 80 年代,通往科学家的"神童"是我的偶像。中国科技大学招收的"少年大学生",是那个时代的风云人物,并且引领了时代风尚——众多教师和家长趋之若鹜,试图把少年大学生的成长经历和教育手段,复制到自己的学生和孩子身上,一时中小学校的少年班遍地开花,教育的起跑线不断前移:幼儿园孩子学小学课程,小学生学中学课程,中学生学大学课程。但现在看来,"神童"只不过是"神话"而已。某期《南方周末》的头版,刊载了以当年那一批少年大学生为研究对象的长篇报道,结果发现成才者寥寥,大多数人成年之后沦于平庸,湮没于芸芸众生之中。没有人否认天才的存在,但大多数人不是天才,不能用天才的教育方式来教育,这也是事实。即使是天才,也有自己独特的成长历程,必须有与天才相适应的方式教育,那种拔苗助长式的教育,是将天才从本应属于他的土壤中拔出,过早暴露于阳光之下。它忘记了一句名言:没有成熟的东西,过早暴露于阳光之下,会晒死的。这同时也是催熟式的教育,用各种膨大剂和化学制剂催熟的孩子,不仅失去了自身的本色,也有膨胀爆炸的风险。

一切都需要回到一个常识之中:人的生长需要的产生和发展,有自身的节律。不同阶段除了有不同特点之外，还有不同的节点，这是人的生长发展的关键点，教育者必须了解这些节点和关键点，不可轻易绕过和错过，一旦错过，就难以弥补。如同人的身体，什么阶段该吃什么、补什么、长什么，都有节点的要求，在不该长的幼年期，就长出胡须或乳房来，无论如何都不是一件值得欣喜快乐的事情。这种事情的有害性，人们都很容易知晓，因为一目了然。但精神生长、灵魂发展上的节点与关键点的缺失，却因为它潜藏于无形中而易被教师忽略，但其造成的危害往往更大，会贻误一生而无法弥补。

教育的任务，就是承认"一切理智的原料并不是所有年龄阶段的儿童都能吸收的，我们应该考虑到每个年龄阶段的特殊兴趣和需要"（皮亚杰），这是对儿童生长节律的必要尊重。尊重的基本方式，在于对生长节律加以认真的理解、认识和研究，勾勒出基于儿童生长需要的阶段性发展路线图，作为教育行动的指南和依据，进而发现、满足并提升儿童的生长需要。

对于绝大多数儿童而言，教育，并不是一个适合跨越式发展的事业。

6. 人在表演和观看中生长

离开北京到上海已经很多年了,有关北京的城市记忆依然清晰可见。

北京夏天的傍晚,天桥下面的开阔地上,公园的草坪上,甚至马路边的空地上,都有一些中老年人组成的秧歌队,挥着扇子,扭着腰肢,脸上满是快乐幸福。

我时常驻足凝望,除了秧歌表演本身之外,吸引我的还有旁观的路人,他们像我一样伸长了脖子,眼神一律的兴致勃勃,更有意思的是,那些作为演员的大妈、大叔,观众越多,似乎就越兴奋,腰肢扭得就更欢快,扇子扇成了一枝枝火红耀眼的花朵……

为什么会这样呢?这是我脑海中突然冒出的问题。为什么这么多人展现了做看客的兴趣?为什么观众越多,这些大妈、大叔就越有表演的兴趣和激情?

类似的问题可以继续延伸:

为什么每天晚上,不计其数的人涌进电影院观看电影,坐在家里的人,大都被电视机牢牢地吸附而不能自拔?

我至今还记得去北京首都剧场观看话剧《茶馆》,观众与演员一起欢笑,一起叹息,一起流泪……走出剧场,人人都带着心满意足的表情。

这一切都说明了一个可能被忽略的常识:表演和观看是一种普遍性的人类行为,人有表演和观看表演的需要。

就表演而言,它首先是个体面向他人展现自我的行为,它如同吃、喝、睡和性一样,普遍存在于人类生活中。人类行为中普遍存在着表演性。从原始的和最广泛的意义上,其基本条件是:只要有自我、角色和他人在场,行为的表演性就存在。

当众演说是表演,向他人介绍某种产品是表演,聚会时说笑话是表演,面对女朋友大秀球技是表演,领导作报告是表演,向上级汇报最近的工作业绩也是表演……表演无所不在。

行为的存在,与需要有关。人类的表演需要与生俱来,表演自身就是人的一种内在需要,而不仅是为了通过表演达到某种目的。

人类的表演从初生婴儿啼哭时就开始了。最初,婴儿的啼哭,只是一种生理反射,幼婴没有把它当作达成某种目的的手段,更不会对表演进行设计和安排。然而,当幼儿逐步长大之时,他开始发现自己的行为产生了某种效果。例如,他的哭闹会引起别人注意,或者使别人接近他,他的微笑也会引起别人同样的微笑。这时,他便开始认识到自己动作的含义,从而使这种最初时仅仅是由内驱力推动并激起的反射动作,转变为表现,也就是说使自己的表现成为一种达到某种目的的手段。工具理性因此取代了自然本能,无目的的宣泄变成了有目的的设计和控制。这种"理性"是一种逐步生长的过程。当儿童发现自己的某些自发活动会对周围的人产生某种效果,便开始有目的地重复这种以往纯粹是盲目的活动,如用啼哭引起他人的注意和安慰,用微笑来讨好别人,用并不存在的肚子疼来逃避某种不情愿的事情等等。此时,原先那种本能的、自发的和无目的的发泄转而变为一种用来表达某种需要的手段,此时的啼哭和微笑就具有了表演性,或者说儿童为了达到某种目的,开始有了表演的需要。

这必定是一个学习的过程:他们逐渐认识欢迎的动作是微笑、握手和鼓掌,表示尊敬需要点头、弯腰甚至屈膝等,当这些动作不断重复时,就演变成为儿童行为中的习惯,并转而成为似乎是"自然"的东西。但这时的"自然"已不同于发泄状态中的"自然",因为这种作为手段的表现而形成的"自然"已具有了"技巧"性的东西,它远比本能的情绪发泄要更为精微和奇妙。

以"笑"为例,对于初生婴儿而言,在任何刺激下,只要他感到愉快,都会作出"笑"的反应。然而,当笑从无目的性的宣泄,变成有目的性的表演时,"笑"就有了"讨好的笑"、"索要的笑"、"应付的笑"、"寒暄的笑"和"自我保护的笑"等区别,不同笑的表演,是为了达到不同的目的。

随着年龄增长,儿童进行的诸多表演成为一种与自然、与社会沟通的方式。

如儿童扮演的"米老鼠"、"兔子"、"乌龟"等,用肢体表演"树"、"山"、"帽子"、"石头"的形状,或发出打雷、刮风的声音,或模拟山的声音说话,这样的表演,通过这样的表演过程,表达出儿童对自然的理解,实现人与物、人与自然的沟通。

我们无需为儿童的表演贴上一个道德的标签,轻率地给予其某种价值判断。

表演本身是一个中性行为,我们只能在"谁表演"、"为什么表演"、"如何表演"以及"表演的效果如何"等意义上作出价值判断。表演既可能遭致不道德的批评,如以"欺骗"、"弄虚作假"为目的的表演;也有道德的温情和力量,如为避免伤害别人,隐瞒某些事实(如面对得了癌症的亲人)的刻意表演。

对于人的生命而言,这种表演和观看的需要具有生长价值:人是在自我表演和观看他人表演中生长和发展的。

我出生的时候,不会哭,过早体验了沉默的价值。但这种不正常的沉默让护士很紧张,她把手伸进我的喉咙里翻滚抠挖抠出一团血污……,我终于"哇"地哭出声来,随后也遗留下了口齿不清的毛病,许多发音跟别人都不太一样,每次说话都是对别人听力的考验。为克服这个毛病,小学开始,我喜欢上了说相声,但没有人愿意和我搭档,只好改说单口相声。

第一次在学校联欢会上登台表演,台下笑翻了天,把老师和同学们乐得互相抱在一起,笑成一团。显然,"笑果"极佳,不是因为我的相声内容,而是我的结结巴巴和口齿不清。我不为所动,依然瞪着大眼睛,拼命地说着。

有了这种精神,我争取到了很多表演的机会,从小学到大学,一路做小干部,在很多场合下演讲、朗诵和主持节目,总算改掉了毛病,至少我说的话别人能够听明白了,还成了一名以语言为业的教师。

生长为今日之我,必须归功于我有过许多表演的机会。所谓"口才"是练出来的,不仅要有练的时间,还得有练的机会,也就是表演的机会。相对而言,小干部们的综合素质要比普通学生强一些,重要原因是他们有很多当众"表演"的机会。不只是口才,人的诸多能力都是在大量的公开展示和表现中得以生成提高的。

完全可以做这样的对比:孩子A从小到大,几乎没有在大庭广众之下"表演"的机会,孩子B有很多表演的机会,两个孩子的性格、心理素质和能力之间的差异是显而易见的。

甚至可以这样说:某些孩子之所以缺乏素养和能力,只是因为他们缺少表演的机会,他们本应有的表演机会,被教师或其他同学剥夺了。

第斯多惠说:

"学生必须毫无例外地用自己的话口述一切所领会的东西。"(张焕庭,1964)

这种口述就是一种表演,它的作用显而易见:通过表演性的口述,知识被口述者牢牢记住。

未经自己口中表达过的知识,是不容易被记住的知识。很多人都有这样的体验,让一个人记住某种知识或理论的最佳方式,不是别人在他耳边不停地讲,而是让他自己当众去讲。

这种当众的讲述表达,其实也是一种"表演"。

口才可以在大量表演中生长,其他许多能力也需要有展示和表演的机会。各种各样的技能大赛就是提升人的能力的最佳平台。

除表演者之外,观看者也将在这些平台上通过对表演行为的观察、模仿而逐渐内化。人的大部分行为能力是通过对他人的观察和模仿而获得的。

从原始时代开始,虽然还没有职业教师,但充当了教师的父母或长辈,会通过示范表演,给下一代展现如何制造工具,如何捕猎等,孩童则在一旁观看模仿并操练,进而逐渐把长辈们的知识和能力转化为自己的知识和能力。人类就是这样在表演和观看中发展的。个体生命的生长经历也是同样一个过程。

人类在表演和观看中生活和生存,没有表演,包括表演的知识和能力,观看并理解表演的知识和能力等,就可能无法生存。表演是人类生命存在的基本状态。不理解表演,或者不把它纳入人类生存的基本视野之中,不仅难以真正理解生活,而且难以理解人性,更难以理解人的生命存在现象。

作为存在者的人的存在与表演的关联,可以被归纳为"表演的人"。表演是人类的基本行为和普遍现象。人的生命存在以表演的形式呈现出来,他的基本行为都可能具有表演性,表演和观看的需要因此成为人性的一部分。

这种对人性的理解,带来了与众不同的教育意义:

表演即生长,观看即生长,人在表演和观看中生长。

教育理想常识:为每个人的幸福生活而教育

7. 教育不是雕刻，而是唤醒

在我还没有成为教师的时候，就已经知晓了一条著名的教育常识："教师是灵魂的工程师。"他们日复一日、年复一年地做着塑造灵魂的工作，教师的伟大就在于此。我一直对这一常识深信不疑，并将它植入我日后的教育生涯之中。

直到我听说了一个苏格拉底的故事。

苏格拉底的父亲是一位著名的石雕师傅。在苏格拉底很小的时候，有一次，父亲正在雕刻一只石狮子，善问的小苏格拉底观察了好一阵子，突然提了一个问题：

"怎样才能成为一个好的雕刻师呢？"

父亲一边指着眼前已经成型的狮子，一边回答：

"就以这只狮子为例吧，我并不是在雕刻这只狮子，我是在唤醒它！"

"唤醒？"

"对！狮子本来就沉睡在石块中，我只是将他从石头监牢里解救出来而已。"

这是一个颇具禅意的回答。

为什么苏格拉底的父亲用的是"唤醒"，而不用"雕刻"？对于教育而言，"为唤醒的教育"和"为雕刻的教育"有什么差异？

在苏格拉底的父亲那里，所以用"唤醒"替代了"雕刻"，他的意思是石狮并不是没有灵魂的死寂石块,它只是被石头这一僵硬沉重之物拘禁了,他通过"雕刻"的方式将石狮的灵魂,从冷寂冰冷的世界中唤醒,让它重新"去"拥有自己的灵魂。这是一个极具想象力的回答,说明了他不是一个只有技术没有思想的石匠,而是一位有天赋的艺术家,有着艺术家的思考力和想象力。

"为雕刻的教育",意味着学生的灵魂只是等待教师雕刻的石头,教师拿着雕刻刀按照心中早已构想好的模样,随心所欲地砍削删减,学生所能做的只是被动承受,偶尔因疼痛不适而抱怨哭喊几声,也很快被教师的呵斥和刀削之声所淹没。很多鲜活的灵魂不是被雕刻刀唤醒的,而是因这样的雕刻变得麻木甚至被"刻死"。

"为唤醒的教育",将学生的灵魂视为等候被唤醒的"种子",教师需要为种子的唤醒做好充分的准备和酝酿,为他们调配提供适当的土壤、水温、营养等条件,一旦时机成熟,种子自己会破土而出,长出本应属于他自己的理想模样。教育的方式,不是直接把种子从土壤里拔出来,而是为它创造适合生长的条件,以唤醒并赋予其内在生长力的方式,让灵魂的种子自己长出来。这样长出来的灵魂,才有坚韧的生命质感和强大的内在力量。

教育虽然是与灵魂有关的事情,是对人的灵魂的教育,然而,它并不是通过雕刻来唤醒灵魂,而是以唤醒的方式完成对灵魂的雕刻。

德国哲学家雅斯贝尔斯曾言:"教育是人们灵魂的教育,而非理智知识和认识的堆积。"教育的本质意味着"一棵树摇动另一棵树,一朵云推动另一朵云,一个灵魂唤醒另一个灵魂"。如果一种教育未能深刻有力地唤醒人的灵魂,让其产生自我生长的力量,那它还不是真正的教育。

"为灵魂唤醒的教育",努力唤醒的是人丰富、不可测度的生命潜能,唤醒的是学生对真、善、美的渴慕;对知识、公正、自由、希望和爱的追求;唤醒的是丰富、改变和提升自我精神品质的需求、能力和习惯。

唤醒背后的假设是:人的许多需求和能力,都是固有的人类天性,如"求知"就是每个人灵魂,是固有的欲望和能力,苏格拉底据此反对当时智者的一种企图:把灵魂里原本没有的知识灌输到灵魂里去,他嘲笑道,好像他们能把视力放进瞎子的眼睛里去似的。教育所应做和能做的,就是激活早已潜藏于灵魂中的能力,把他们变成生命生长和创造的力量。

教师所从事的工作,不是雕刻,而是唤醒。

这种工作,区分了教育和培训的差异:培训指向于技术、技能和技艺等一切与"技"相关的东西,一个人可以在培训的精雕细刻中使技术趋于圆熟状态,但可能与灵魂的培育没有任何关系,那种"没心"、"没肺"、"没灵魂"的技术人才,在任何时代都不罕见。教育必然含有培训的成分,它对于唤醒之人同样存有技能、技艺方面的期待和要求,但教育不能因此而缩减为等同于培训,他最终指向的是人格的培育、智慧的启迪等一切与灵魂直接相关的目标。

当教育成为与灵魂唤醒有关的工作,教育必定同时成为一种召唤和应答,是教育者与受教育者的相互召唤和相互应答。人间的教育,常常听到的是没有应答的召唤和没有召唤的应答,随处可见听不到召唤或应答的焦虑和失落。这说明,人类的教育已经失去了灵魂。至少表明教育者失去了灵魂唤醒的能力,受教育者失去了灵魂苏醒的能力,他们共同失去的是灵魂感发的能力。

8. 教育即"生命·实践"

世界上的许多职业和事业都与人的生命有关。医生忙于治疗人的生命疾患；律师关注于维护人的生命的各种权益；牧师致力于人的灵魂救赎；军人专心于保护己方的生命,消灭敌方的生命等。他们以不同的方式直面人的生命,从事自己的实践活动,完成自身的使命。教育者,尤其是作为职业教育者的教师,同样每天与鲜活各异的生命直面,他的独特在哪里？什么是教育者存在的使命和不可替代的价值？答案无非与"生长"或"成长"有关：教育是直面人的生命成长,促进人的生命生长的事业。如果说医生治疗室里散发的是药品的气息,牧师祷告室里洋溢的是圣洁的气息,军人战场上充斥的是死亡的气息,那么教师教室里弥漫的是生长的气息,教师每天都在目睹着一个个生命,在教育力量影响下一点一滴生长变化的奇迹,每天都浸润在生命成长的气息之中,这是别的职业不曾体会到的幸福,也有他人难以体会的艰难。

教育即"生命·实践",它是有意识、有目的且有计划,以人的整体生命的生长和发展为对象的实践,是针对生命的实践。它在发现、开掘人的生命潜能,进而把潜藏转化为现实的过程中,使人成为人。

作为"生命·实践"的教育,表明它是以如何促进生命的生长与发展为实践对象、实践内容和实践过程的实践。教育实践的重要功能,就是为生命的成长与发展提供不同形式、不同层次的服务。主宰这一实践的基本假定就是：人的生命成长与发展,需要借助于理性化、系统化的教育,在教育活动中,人具有将自身的可能性转化为现实性的可能性。与其他实践形式不同,只有教育实践才将促进生命的生长与发展作为自身实践的唯一对象和内容,它是对生命的"介入式"和"改造式"实践,即试图介入并置身于生命的生长与发展过程之中,建构生命,改造生命,如同人所认识的那样:

> 教育改造是一种生活方式的改造,它不仅包括观念、思维、话语、价值的改造,还包括礼仪、规则、实践行为的改造。(周浩波,2000)

教育因此是一种生成性的实践,按照教育目的的要求生成包括知识、能力、情感、态度和价值观等在内的与一切完整生命相关的内在要素。衡量这一实践成效的主要标准是:生命有没有在教育活动中不断地生成和发展。与劳动生产和创造物质价值相比,教育生产和创造的是人类自身。它把人的生命问题,从纸面上的问题、黑板上的问题变成了现场实践的问题,转化为一种独特的创作问题,教育,就是对生命的再创作。

教育的使命,是对人的生长之谜的破解和勘探。教育的力量,就是促进人的生命生长的力量。教育中的不安和动荡,究其原因,是生命生长造成的不安和动荡。

与"成长"相比,我更愿意用"生长",成长之"成",容易给人"已成"的误解,违背"人的未完成性"这一人性常识。而"生长"之"生",有生生不息、绵延终生的意味。作为动词的"生长",是生生不息的生长,而不是只在某时某地,因而随时随地可能停留和终止的生长,它体现了生命的特性:生命在,则生长在,生命的延续,延续的不只是生命特征,持续的还有生长的可能。

教育最终实现的不是与生命的牵手,而是对生命的告别——对已往旧生命的告别,走向新的生命。

教育的使命,就是让那因告别旧生命而来的生命生长持续终生,让每个生命都有持续生长的内在力量,这就是海德格尔所说的:教育,就是"让生长"。

教育即生长,不是一个新鲜的观念,它最早由卢梭提出,而后杜威作了进一步阐发。在周国平看来,"教育即生长"言简意赅地道出了教育的本义,就是要使每个人的天性和与生俱来的能力得到健康生长,而不是把外面的东西,例如知识等灌输进被视为容器的心灵之中。

支撑"教育即生长"这一常识性教育观念的,是一个同样具有常识意义的假设:人的生长最终只能靠自身内在力量的施展,而不是外在力量的给予和灌输。与此相反,"灌输论"背后的假设则是:人的知识、能力和品性的获得,是靠外在的给予实现的。如此一来,灌输本身反而成为了目的,似乎教育的目的就是对知识的灌输,儿童的生命本身在成为灌输对象的同时,也成为完成灌输目的的手段,是为配合灌输顺利实现的工具。换言之,灌输成了目的,生命成了手段。

对此,杜威的反驳简明有力:"生长就是目的,在生长之外别无目的。"其中蕴含了三个特定的含义:

第一,教育的目的,不能从外面寻找,而是回到人的生命内部去挖掘,回到生长本身。

生长既是教育的原点,也是教育的归宿。

一切教育的目标、内容、手段和方法,所有教育者的辛勤劳作,都以"生长"为原点,最终都需要回到生长。

即使教育有灌输的成分,灌输也是为了生长,但生长不是为了灌输。然而,大量的教育实践却在不知不觉间,把生长变成了灌输,用灌输替代了生长。

第二,生长本身就具有价值,而且是教育的最高价值。

所以将"生长"确立为教育的目的,原因在于对于任何生命而言,"生长"本身具有价值,它是诸多价值的源头,它生成和创造其他价值。

教育的路是生命的路,这条路随着生命成长而逐渐延伸。经常发生的戛然而止,不是因为生命生长停止了,而是在这条路上,已经看不到生命的本来面目,它依然在走,但已经不是按照生命应有的方式在走,这条路越走越弯曲,直到最后,我们看不到生命的踪迹了。路还在那里,成了荒凉的路。

人们对待"生长"最普遍的方式,不是否认生长,而是以生长为起点,继续延伸,为生长再设定一些外在的目的,例如获取金钱、谋求职业、做出成就、得到荣誉,所谓"书中自有黄金屋,书中自有颜如玉"这些流传至今、深入人心的说法最具代表性。在教师那里,外在的目的,就是学生的成绩、分数、名次和升学率,这些目的又与自己的收入、名誉、职称相关发展,它们反而成为教师从事教育的内在目的。

生命生长之路常常因此而堵塞,并转变方向,成为扭曲之路。

对于生命而言,"黄金"也好,"美色"也好,都是身外之物,但就是这些身外之物,反而成为人们追求的目的。它们如同那些容易被看到且可以摘取的花朵或果实,吸引了我们的眼球,但滋养花朵和果实的根却被遗忘。我们又仿佛习惯于为"生长"增添一些服饰,并醉心于服饰的更新,但服饰包裹下的身心却被忽略。只有目睹了这些常见现象,我们才会深刻地理解"本末倒置"的真意。

很多人并不知道,生命的生长本身就具有价值,如同周国平所呼吁的那样:

> 一个天性得到健康发展的人难道不是既优秀又幸福的吗?就算用功利尺度——广阔的而非狭隘的——衡量,这样的人在社会上不是更有希望获得真正意义的成功吗?(周国平,2009)

一个事实总是被人轻易遗忘:"那些花朵、果实和服饰等所谓的成功,都是生命生长的结果。"如此,我们又发现了另一种意义上的倒置:原因和结果之间的倒置。

或许,放弃根本、原本之物,转而追求外在之物,也是人性的一部分。

第三,生长是一种眼光和尺度。

所有的问题都与眼光和尺度有关。到底什么才是优秀和幸福?究竟是人的天性的健康发展,还是好职业好收入的获取?这是两种完全不同的尺度。

时常有家长和朋友向我咨询:目前什么大学什么专业前景看好,所谓前景好的尺度,就是三好:就业好,收入好,稳定程度好。很少有家长会从另一个尺度问我:什么样的大学和专业,更有利于孩子的生长,更有利于孩子天性的健康发展,更有利于孩子人格的完善和智慧的启迪?这样的家长是我们时代的"稀缺动物",即使存在,也会被归入"异类"。

至少就目前来看,"教育即生长","教育的本义不是为了提高就业率和收入水平"这一类的教育常识,只是属于部分教师的常识,而且更多的是理论研究者的常识,远未达到"普惠众生"的程度。但这就是我们的任务和使命。

什么时候,全社会的大多数人,都能用生长的内在眼光和尺度,来衡量、判断并践行各自的教育实践,这样的社会,就是能够让人人真正得生长、得根基、得幸福和得解放的社会,就是我眼中的好社会。

教育常识

9. 教育眼光即生长的眼光

世界上与教育有关的是三类人：做教育的人，看教育的人，既做教育又看教育的人。

做教育的人，只埋头于教育的土地耕耘，但很少抬头望天，很少思考自己的耕耘价值和过程，"只要做，不要想"是回荡在他们内心深处的口号。

看教育的人，如同黄昏时分路边棋摊悠闲的看客，主要工作就是指手画脚，间歇性发泄自己的抱怨和不满，充分展现出作为教育批评家的"才华和豪情"。当今的时代，从不缺少这样的教育看客，他们喷出的唾沫很快就会晒干，露出的底色却依然没变。

任何一个时代，从不缺少批评家，但稀缺的总是建筑师，最稀缺的是集批评家和建筑师于一身的人。这就是那些又做教育又看教育的人，他们是真正懂教育的人。

懂教育的人，是有教育眼光的人，这是教育这个"专业"特有的眼光。

多年前，我在上海戏剧中心看了一场话剧，剧名十分暧昧，充满了想象的空间，叫作"今夜妻子不在家"……剧场内的观众接近一半是中小学生。想来可能是赠票的缘故，很多家长没有时间，就把票转赠给了朋友，朋友则带着自己的孩子一同观看。当我走进剧场，看到一张张青春的如花朵般的脸，我本能地感到一种不自在、不舒服，心里堵得慌……这种感觉随着演员的表演愈发强烈。整个话剧讲述的是一个丈夫偷情、妻子捉奸、夫妻斗嘴的故事。演员的表演很卖力、很专业，言谈举止间的放浪、情色、欺骗、诡诈引来了阵阵哄笑，其中不少是稚嫩的嗓音爆发出来的清脆笑声，有的笑到喘气不止。家长则陪着孩子一起笑个不停。

看了不到一半,我起身离场。对我而言,观看话剧从来都是一种享受,那日却变成了受罪和莫名的悲哀。

这一切与演员无关,但与观众有关。这个话剧没有突破国家要求的底线,演员只是遵循着剧本,履行自己的职责,况且,演员无法选择自己的观众,但观众可以选择看什么,不看什么,尤其是那些有理性的家长,虽然不能替代孩子去选择,但却有责任为自己的孩子该看什么,不该看什么,提出建议,采取相应的行动。但是,在那天的剧场里,我看到的只是家长肆无忌惮的表情以及与孩子们合谋式的笑脸。

我为什么忍无可忍,最终起身离开?现在想来,可能是一种眼光所致。这种眼光就是一种"教育的眼光"。

这种眼光并非与生俱来,并非教师所特有,也并非所有的教师,包括教育研究者都具有。换句话说,并不是做教育的人,就必然具有教育的眼光。我是在做了将近20年的教师之后,才猛然发现自己需要有这样一种眼光。

带着这样的眼光,当我拿到一本书、看了一场电影,甚至目睹了街头巷尾发生的"风吹草动",我都会不由自主地追问:这对孩子的生长有益吗?如果益处不大,甚至有反作用,该如何解决?什么样的书,什么样的影视,什么样的事件能够对孩子有积极的影响?我们该如何去促进这种积极影响的出现,对这种影响施加有益的教育影响?

这种眼光试图把所有的现象,都变成孩子健康生长的资源,显然,这是一种筛选式的眼光,它不会对所目睹之物都贪得无厌地照单全收,它具有天生的敏感,在刹那间吸收有益的资源,剔除不利的因素。

这种眼光经常会发生漂移。权力、金钱和名望等各种外在因素,时常干扰着它,降低它的敏感度,压制它对孩子的关注,诱使甚至迫使观看者将目光从孩子的生长过程中移开,移向那些诱惑之物,移向作为成年人的自我,孩子的生命之花就在这样的漂移中远离目光的中心,渐渐飘散于空中,隐遁于虚无之中。

教育的眼光关注一切与生命生长有关的东西。这种眼光只是教育眼光的一部分,而且还是外在的那一部分,即"外眼光"。他是从围绕着儿童成长的各种外部环境条件

和资源的角度,展开的"观看"。真正的教育者还需要"内眼光",他投射到儿童生长的内过程之中,试图发现和解决这么一些问题:

儿童生命的生长将经历哪些阶段?在生命生长的不同阶段,在接触不同新知的过程中,不同类型儿童存在的问题、困惑和障碍是什么?怎么去解决它们?

一个具有如此眼光的人,才可以称得上是具有真正的教育眼光的人。正是基于这种教育的"内眼光",才得以将教育专业人士和非教育专业人士区分开来。

"外眼光"和"内眼光"不是割裂和剥离的,而是可以相互转化的。什么资源对于儿童生命生长有益?这必须依赖于儿童生命生长的阶段性特征,不能一概而论,反之亦然。在这里,凸显了"教育眼光"最重要的内涵:"转化"。归根结底,教育眼光是一种转化的眼光,它试图把世间所有的现象,都转化为促使儿童的生命从一个阶段迈向另一个阶段的生长资源。这种转化本身同时也就是"外在眼光与内在眼光的双向转化"。

教育的眼光需要独特的想象力,他对生长过程和转化过程中所遭遇到的种种可能,包括潜伏的各种危机、挫折,展开充分的想象,每一种情形,每一条路径,每条成长道路上的不同风景,都将在教育的眼光里一一呈现,共同构成一幅生动复杂的教育画卷。

教育眼光具有道德重量。他对一切不利于儿童生长的现象保持敏感和进行谴责的同时,还承担了建构的重负:建构促使儿童生长的环境生态,用自己的热情、真诚、智慧和细致入微的行动,为儿童的健康成长遮风挡雨、开辟道路。这种目光里饱含道德的柔情和建构新世界的力量。目光所及之处,一切都是教育,一切都与教育有微妙的关联:一切都通向教育,教育通向一切。

拥有如此目光的人,把对儿童生命生长的观照真正变成了教育的力量,整个世界都变成了教育的世界。

10. 教育立场即学生立场

世界上存在着无数的教育：一国有一国的教育，一校有一校的教育，一教师有一教师的教育，一家庭有一家庭的教育，不同的教育理念和教育方式，背后是不同的教育立场。

"立场"的产生和时间、空间有关。在时间上，每个时代的教育者，创造了那个时代的教育立场。以中国为例，今日中国之教育立场，已与20世纪80年代改革开放前的教育立场，有了巨大的变化，教育的改革，在根本上是立场的改革；在空间上，不同地域空间的教育者，会在其特定的文化背景下，产生那个文化空间的教育立场。

2011年，48岁的耶鲁大学法学院教授蔡美儿出版了《虎妈战歌》一书，并很快登上了美国《时代》杂志的封面。在书中，她认为严厉的中式家教比宽松的西式教育优越，并以自己为例——为使小女儿露露熟练地弹奏钢琴曲，她要求女儿从傍晚一直弹到夜里，中间不允许喝水，不允许吃饭，不允许上洗手间。最终她的女儿在著名的卡耐基音乐大厅登台表演。她宣告：魔鬼式的训练是成功的关键，这就是为什么中国小孩总在世界上"扫荡"各类数学和音乐大奖的原因。而那些"软蛋"西方家长却从来不敢要求儿女这么做，他们甚至明知道孩子体重已经超标，却不敢在他们面前提一个"肥"字。该书出版前后，引起极大争议。她的家庭教育方式成为当时每个操场、超市和咖啡店里令人难以置信和愤愤不平的话题。在正式出版前，该书的节选（题为《为何中国妈妈更胜一筹》）刊登了在《华尔街日报》上，引发了激烈的讨论；在线浏览人数超过了100万人次，评论很快突破了7000条。蔡美儿2011年1月11日出现在《今日》节目中，通常十分开朗的主持人梅雷迪斯·维埃拉在大声读出一些读者的评论时难掩自己的不屑,这些评论包括:"她是个怪物","她抚养孩子的方式令人气愤","爱与容忍何在"。

蔡美儿对维埃拉的回应是:"完全诚实地讲,我知道很多亚洲父母背地里对西方家庭教育方式的很多方面感到震惊和恐惧",其中包括"西方人允许自己的孩子浪费那么多时间——在脸谱网和电脑游戏上耗费几个小时,他们在很多方面不能让孩子们为未来做好充分准备"。她说:"外面的世界很艰难。"

这是来自两种不同文化空间的教育立场的对话和冲突。有人据此分析,"自立和责任"是美国社会文化的核心精神,被排在教育的首位。美国父母在这方面的方法无所不用,如孩子出生不久就把她扔在独立且黑暗的房间里睡觉,任凭她怎么哭闹也不理不睬。在不少的中国人看来,这并非为人父母之道。

我无意在这里展开充分的讨论和作出非此即彼式的判断,只是以此为例,说明"教育立场"产生的时空背景。

有没有穿越时空差异,贯穿教育始终,且为大多数人认可的教育立场?

世界上的教育立场,有千千万万,"学生立场",是教育的第一立场。或者说,教育的立场,就是学生立场。

学生立场有三个内涵:

第一,学生立场不等于"以学生为中心",不等于放弃教育者的责任,对学生放任自流。即使显得非常开明、宽宏大量的美国家长,在给孩子充分的自主发展空间的同时,也会以自己的方式介入到孩子的生命生长过程之中,同样会对孩子提出美国式的规范要求。

有关"教育到底是以学生中心,还是以教师中心"的讨论,是一个不应该发生的讨论,它是一个伪命题:教育本来就是由作为教育者的教师和作为受教育者的学生构成的"一体两翼",不管离开了谁,教育都会烟消云散。离开了学生的教师,成了没有教育对象的空壳教师,只能回家进行自我教育;离开了教师的学生,就远离了教学,只能自学,这是"学习",不是"教学"。

不存在一个以学生为中心或以教师为中心的教育,只存在教师和学生双边互动中生成的教育。陶行知早有类似的观点:

> 我们要反对两种不正确的倾向:一种是将教与学的界限完全泯除,否定了教师领导作用的错误倾向;另一种是只管教,不问学生兴趣,不注意学生所提出的问题之错误倾向。前一种倾向必然是无计划随着生活打滚;后一种倾向必然是盲目地灌输学生给弄成烧鸭。(陶行知,1981)

教育者需要对学生的生命生长有所作为,这是他应该发挥的教育领导者作用。苏联教育家赞可夫赞同这样的观点:

> 凡是儿童自己能够理解和感受的一切,都应当让他们自己去理解和感受。(赞可夫,1980)。

这样做是为了避免对儿童的替代,并无新意,但他随后话锋一转,后面才是他想重点表达的意思:

> 不过,教师知道应当朝哪个方向引导儿童:对于他们的思想,有些加以支持和发展,而有些则机智地予以抵销。(赞可夫,1980)

只是放任学生自己去学,但自己却放弃了领导者的作用,因而无所作为的教师,不配"教师"这样的角色和头衔。

第二,学生立场意味着学生的实际状态,成为教育教学的起点和出发点,成为教育教学目标制定的依据。它要求所有的教育活动都必须遵守一个前提:在有了对所教学生现有实际状态的了解和把握之后,才可以开启教育的历程。遗憾的是,许多教育者是在不了解学生的状态下,确定教学目标,选择教学内容,进而走入课堂的。

　　第三,学生立场还预示着教育者应当关注学生的生长需要,把发现、满足和提升学生的成长需要作为自身教育的使命。他时不时需要放缓教育的脚步,审慎地发问:我发现了学生的生长需要了吗?我的教育有没有满足和提升他们的需要?或者,经过这段时间的教育,学生的需要生长了吗?

　　这样的学生立场,是基于生命生长的立场,它昭示了一条亘古不变教育真理:在教育的世界里,学生的生命第一。

11. 教育是需要悲悯、耐心和从容的事业

我有过修习佛学的经历和体悟。尽管如今信仰已有所改变,但那段经历留下的烙印还在。

当年打动我的是发生在释迦摩尼身上的故事。有着"锦绣前程"的释迦牟尼逃出皇宫,走上修行求道之路,缘起于他那段著名的目睹人"生老病死"的经历,人世间的苦难让他心生悲苦之情,顿起救赎之意。佛家的所有思想,释迦摩尼的全部智慧都与这个"悲"字有关,佛学是因悲悯之心、悲悯之行而来的哲学。因而有"悲以润慧"之说。我对此深信不疑。我从来不相信一个成天乐呵呵因而傻呵呵的人,会与智慧结缘。一个浅薄的乐观主义盛行的时代,一定是一个思想家稀缺和被遮蔽的时代。所谓"乱世出英雄"。这里的英雄理应包括思想英雄。

如果不把教育当作赖以谋生的工作,而是视为一种伟大的事业,那么,这个事业首先需要的是一种悲悯情怀,它来源于对人生的悲苦深切痛彻的体察,这种悲悯与一个根本性的问题有关:为什么人类需要"教育"?

大多数教育者不会在此问题上沉思太久,他们轻易跃过去,直接跳到"如何教育"的平台上施展身手。对于很多人来说,教育从何而来和为什么需要教育,要么不言而喻,要么过于遥远,它们如同高远的苍穹,每日弯下腰来在教育的田野中辛勤劳作的教育者们,无心也无暇仰望苍穹。理论研究者自然不会轻易放过这个问题,但又容易陷于理论的旋涡里,在思想逻辑的旋转翻滚中逐渐远离教育现实。至少从我个人的经验来看,已有认识大都来自书本和文件,它们的定论言之凿凿,不容置疑。在此熏染之

下,久而久之,我也习惯于按照书本的结论来审视现实的教育世界,但个人生命对于这个问题直接切实的体认却被遗忘和抛掷。

从韩国休假回来之后,我感觉国内的一切如此亲切动人,但同时又被抛入另一种焦虑之中。无论是坐飞机,还是乘地铁,以及诸多事务性活动的细节,国人的行为总是显现出让人无奈和苦笑的一面。在韩国首尔乘地铁,到站之后,在站台上等候的旅客,总是规规矩矩地静候里面的人出来之后,再鱼贯而入,车厢内特设的老弱病孕残专座,很少有不属此类的人抢而坐之,一边是拥挤的车厢,另一边则是空荡荡的专座。几次之后,我也很快养成了类似的习惯,老老实实地跟在后面,从容地进入。回到上海之后,在地铁站的人流之中,我重新目睹了争先恐后、你争我抢的"中国特色",而且自己似乎很快也恢复了早已有之的"中国习惯","韩国习惯"即刻荡然无存。在韩国银行里,不仅有宽大的沙发、丰富的读物,还有电视和可以上网的电脑供等待的人使用,银行职员直接面对顾客,可掬的笑容、体贴的问候语和告别语,一个都不少。在上海的银行里,也有问候语,却是机器操作的,事成之后,职员只要轻触按钮,就与顾客告别了,在机器发出亲切的告别语的过程中,职员甚至懒得抬一下头瞥一眼顾客。

常态下的种种混乱和冷漠,使我不由得想到一个问题:对于今日的中国人,需要给予什么样的教育?什么样的教育才能改变这些现状?这首先不是一个理论问题,而是一个真切的生活问题,是实际生活中诞生的教育问题。所有的教育问题都来自于实事本身,都需要回到生活本身去。教育是源于生活,为了生活和在生活之中的教育。不是因为理论告诉我们为什么需要教育,所以我们才开始教育。而是生活中的问题需要教育来解决,所以我们才开始教育。这不是一个新鲜的观点,却实在是一个易被忽视的常识。

在民国初期,很多人以不同的方式表达了对北京街头人力车夫的关怀和同情,胡适将人力车夫的形象写进了新诗里,以诗意的方式表达了担忧和同情,但仅此而已,至于如何改变他们的切身处境,胡适先生就只能袖手旁观了,远不及他对中国文学改革和政治体制改革的策划来得细致周到。鲁迅的方式是通过叙事性的文章,抒发其深刻的忧惧,其"深"在于触及到了国民性,在他看来,要改变人力车夫的悲惨处境,需从国民性的改造和精神重建入手。深刻是深刻了,然而,要等到中国人的国民性改造成功,再来解决人力车夫迫在眉睫的现实问题,难免有些不着边际。这种"深",深到了灵魂深处,但却没有深到人的关键痛处。灵魂的问题,如果离开肉身问题的解决,恐怕也难逃隔靴搔痒的弊端。作为革命者的李大钊则不同,他的注意力放在如何以现实的手段,改变人力车夫的生活现状,包括适当的经济补贴和相关的政策条文的制定等等,李大钊不会无视精神改造的价值,但他知道,处于苦难中的人们最需要的是什么。他们无非是要求:好好地生活,有尊严地生活。这也正是社会改革者的希望。

从教育眼光来看,教育是让人过上更好生活的一种必然的途径和手段。对生命的关怀一定不只是抽象的关怀,这种关怀是从对人性和人的生命的现实处境的忧惧开始的,忧惧于人性中善与恶的搏斗中,恶对善的征服和奴役,忧惧于人在生活中的危机和不幸,忧惧于生命本身受到劳作本身的奴役,忧惧于人的成长的艰难……每当我看到日常生活中的那些冷漠空洞的面孔,看到生活中因人性而来的种种不公正、不如意,目睹人与人相互之间的妒忌、欺诈和压制等生存常态,目睹那些为生存而奔波忙碌的身躯,尤其是那些脸上流淌着汗液,因操心操劳而密布苦难的皱纹,且迟迟不得舒展的面容,我在忧惧中就不得不提出这样的问题:我们需要给予人民什么样的教育?教育可以在多大程度上解脱人在此世的苦难和不幸?我们如何让通过教育的生命关怀落到实处,不至于变成水中花、镜中月?

晏阳初当年从事平民教育和乡村实验,也是出于这种对人的生活处境的忧惧和悲悯,并满怀着改变他们生活的希望。他的教育实验来自于这样一个基本事实:世界上有三分之二的人是文盲,他们吃不饱,穿不暖,饱受疾病折磨,但是他们仍然对美好的生活充满了希望。由此出发,晏阳初的教育关怀就找到了切实可靠的落脚点,改变了一代人中几百万人的生活状况。这是从对生命的悲悯和希望开始的教育,是希望变为现实,即现实生命境遇改变为结果的教育,自然,这也是我们理想中的教育。

这种情怀悲悯者常常会对生命生长中的痛苦和悲剧满怀同情,他们深知生命的生长过程不是轻松宜人、美妙无比的事情,过程中的曲折艰难,长期折磨是常态;不是所有的教育都对生命生长有所助益,也不是所有的教育都能有助于生命痛苦的解脱。甚至,有时教育本身还会加剧这种痛苦,加重生命的负荷,尽管对生命的生长来说,这是必要的重负。

教育中的悲悯,在于对生长过程中生命所必将承受的痛苦、挫折、失败及各种危机的悲天悯人,在于对所有这些危机和遭遇的敏感和敬畏。带有悲悯之心的教育者,面对着那些艰难成长着的孩童的生命,脸上带着微笑,内心充满柔情,灵魂深处则在流泪甚至滴血。

这种悲悯的心态,会让人安静下来,放下时常躁动不安的心灵,这样的心灵适宜于教育。作为事业的教育,本来就应该是安静的。教育是一项静悄悄的事业:静悄悄的校园,静悄悄的课堂,静悄悄的生长,静悄悄的教育,是教育本应有的原貌。

今天的中国学校,已经过于热闹忙碌了:稍有所得,就忙于展现;稍有亮点,就忙于宣传;稍有成绩,就忙于登报。领导们的工作则"火上浇油",习惯了以"搞运动和大跃进"的方式管理教育,忙于安排层出不穷的任务、检查、评比。种种忙造成了闹,闹加剧了忙,各种闹和忙,都可能是对教育本义的南辕北辙,都与教育即生长的内在目的无关。学生的生命实际上成了完成各种展示、检查和评比的工具,变成了教育者和领导者自身形象宣传、利益共享、荣誉获取和地位提升的工具。

面对经历生长躁动的生命,教育者最怕的是自己的心灵也随之躁动,教育者的躁动也会传导至受教育者的心灵深处,引发他们更大的焦躁。这种教育者与受教育者之间心灵躁动的互传互动,在双方的生命之湖中会引发波澜,甚至是毁灭性的巨浪。教育的灾难,往往由此产生。

教育的本质是孤寂的。一颗贪图热闹的心灵,收获的依然是灾难后的荒凉。

一个喜欢喧闹的人,往往是缺少耐心的人。没有耐心,做不好教育。

有一位著名的节目主持人,在一个谈话节目中设置了这样一个场景:一架飞机满载乘客,飞行途中没油了,可飞机上只有一个降落伞,他问参与做节目的孩子:"你看这伞给谁用?"孩子几乎不假思索地回答:"给我自己用"。

这时,台下一片骚动,很多观众即刻作出了判断:多么自私的孩子啊! 这也可能是大多数人的评价。

主持人没有急于给孩子一个评价,而是蹲下来问孩子:"为什么呢?"

孩子此时已经满含泪水,清晰地说道:"我要跳下去,找到油后,回来救飞机上所有的人"。

主持人的耐心,挽救了节目,也拯救了这个孩子。此时的主持人,就是一位具有教育智慧的"教师"。

与之相反的是另一个例子:

> 曾经有一个小和尚,极得方丈宠爱。方丈将毕生所学悉数传授,希望他能成为出色的佛门弟子。没想到他在一夜之间动了凡心,偷偷下了山,五光十色的城市迷住了他的眼睛,从此花街柳巷,他只管放浪形骸。
>
> 二十年后的一个深夜,窗外月色如洗,澄明清澈地洒在他的掌心。他忽然忏悔了,披衣而起,快马加鞭赶往寺里请求师父原谅。方丈深深厌恶他的放荡,不愿再收他为弟子,说:"你罪孽深重,必堕阿鼻地狱,要想佛祖饶恕,除非桌子上开花。"
>
> 浪子失望离去。
>
> 第二天,方丈踏进佛堂时,看到佛桌上开满了大簇大簇的花朵。方丈在瞬间大彻大悟,赶忙下山寻找弟子,却为时已晚,心灰意冷的浪子重又堕入荒唐的生活,而佛桌上的那些花朵只开放了短短的一天。是夜,方丈圆寂,临终遗言:"这世上,没有什么歧途不可以回头,没有什么错误不可以改正。"
>
> 浪子的回头和改正,需要的只是耐心和等待,花朵不会在时机未到的时候开放,需要的也是忍耐。

与生命生长的节律相应,教育过程中也有许多节点和关键点,通往节点的过程是漫长艰辛的,需要持守着耐心,一步一步朝前迈进,很多人就在离节点不远的地方失去了耐心,偏离了方向,以至功亏一篑。

有人讲过这样一个故事:

> 祖父用纸给我做过一条长龙。长龙腹腔的空隙仅仅只能容纳几只蝗虫,投放进去,它们都在里面死了,无一幸免!祖父说:
>
> "蝗虫性子太躁,除了挣扎,它们没想过用嘴巴去咬破长龙,也不知道一直向前可以从另一端爬出来。因而,尽管它有铁钳般的嘴壳和锯齿一般的大腿,但只会一进去,就在里面乱冲乱撞,自然是无济于事。"
>
> 祖父把几只同样大小的青虫从龙头放进去,然后关上龙头,它们进去后没有急于四处冲撞,而是耐心地寻找出口,结果奇迹出现了:仅仅几分钟,小青虫们就一一地从龙尾爬了出来。
>
> 急躁害死了蝗虫,耐心挽救了青虫。

很多时候,在所有该做的努力都已经做了之后,教育的成功和教育奇迹,需要的就是"耐心"。奥地利诗人里尔克在给一位青年诗人的信中写道:

> 不能计算时间,年月都无效,就是十年有时也等于虚无。艺术家是:不算,不数;像树木似地的成熟,不勉强挤它的汁液,满怀信心地立在春日的暴风雨中,也不担心后边没有夏天来到。夏天终归是会来的。但它只向着忍耐的人们走来;他们在这里,好像永恒总在他们面前,无忧无虑地寂静而广大。我天天学习,在我所感谢的痛苦中学习:"忍耐"是一切。(里尔克,1994)

有耐心的教育者,才会有从容。从容者是基于悲悯和宁静之后的从容。基于悲悯之心,教育者对种种教育挫折或教育失败,才能心领神会,安之若素,将其视为必将到来的事情而坦然接受和从容应对。基于宁静之心,教育者直面教育中的种种雷电风暴,始终能够平心静气,以"风雨不动安如山"的姿态继续在言说中思考,在反思中行动。

相对而言,我欣赏教育中的从容甚于悲悯和宁静,虽然没有后两者就不会产生从容,但悲悯不一定导致从容,悲悯可能带来难以自持的悲愤,从而伤及受教育者;安静也不一定带来从容,安静可能会演变为停滞和僵化,成为一潭死水,进而导致对受教育者无所作为。从容则不然,教育者的从容,不仅意味着从容接受,即带着一种宁静心态坦然接受教育过程和生命成长过程中的悲与痛,更意味着从容行动:在从容面对种种危机和失败中,继续从容行走于生命理想和教育理想的实践大道上,从容周旋于教育过程中的各种矛盾和困顿中,从容穿梭于那些同样焦躁焦虑,但个性各异、千变万化的活泼泼的生命成长之中……

从容是易于言说的状态,却难以实现。我们在课堂教学中目睹过太多不从容的状态:自恃真理在握,动辄对学生高声呵斥,表情急促焦虑;惯于打断学生的发言,过于匆忙地展示自己的答案;一开始对自己充满了太多的乐观和自信,以为一次谈话、一次表扬和批评、一堂成功的教学,就能带来学生持续的根本性的变化,以为那些幼小的生命,不过是一张张白纸,不仅可以任由自己涂写,而且可以轻易地刻上难以磨去的印痕……而当学生没有因此而发生预期的变化,或者产生反复,当期待的教育效果向相反的方向奔驰,便转而开始烦躁不安,喋喋不休的抱怨、沮丧和愤怒随之而来。

教育所以需要耐心和从容,与生命生长的特性有关。如果说教育的目的为生命生长划定了一个标杆或者终极目标,教育者要引领着受教育者的生命走到这一目的地,其间需经过许多河流、山脉、草地甚至荒漠。在此过程中,会有很多意想不到的艰难困苦折磨,考验着生长中的生命和帮助人生长的教育者的生命。对双方来说,这都将是一场漫长艰巨的考验。最大的考验来自于生命独特的生长周期,这种周期并非像某些浅薄的乐观者,以为生命必定将在教育力量的影响下,永远向前;相反,生命的生长不会是线性的，可能会走一步，退一步，甚至退几步；可能会长时期地陷入停顿，仿佛一辆刚才还滚滚向前的马车突然落入了泥沼动弹不得；甚至可能会在经过长途奔波之后，陡然发现又回到了原地。

没有一种生长像生命生长那样，如此复杂多变，难以琢磨。在这样的奥秘面前，人们常常会发现以往的教育规律无用，以往的教育方法无效。正因为如此，没有一种实践活动像教育那样充满了智慧挑战。正是在这个意义上，教育是一项特别需要耐心的事业，特别需要从容的事业。这里的从容，也表现为让孩童从容生长，不要轻易打断他们成长的周期，不要急吼吼地逼迫儿童在生长的道路上狂奔不止。

面对如此复杂的教育状况和生命状态，从容的教育者知道耐心地守候，耐心守候成长时刻的到来，耐心守候着生命之树在一次又一次永不停歇的教育力量推动下生长。知道如此耐心守候的教育者，参透了生命成长的奥秘，参透了教育的奥秘。这个奥秘的表述如此简单，但意蕴却如此深厚：教育是一项慢的事业，因而是一项需要安静、耐心和从容的事业。

教育之美，一定不是急匆匆中显现的美，一定是从容甚至悠闲的美。

世界上因此存在三种教师：

急吼吼因而失去耐心的教师；

慢悠悠但可能错过生长时机的教师；

不紧不慢间把握了生命生长节律的教师。

12. 教育是衡量好社会的尺度

对"好社会"的梦想,是所有人的梦想。但对于什么是"好社会",却有不同的标准和尺度。

有人认为,好社会是国家富强,人民生活富裕、安居乐业的社会。这是一种经济生活的尺度。

有人主张,好社会是法制健全,社会公正平等,公民权利得到保障的社会。这是一种法律和政治意义上的尺度。

这是两种最具有代表性的尺度。

我不能说这些尺度不合理,因为这有违常识和常理。然而,如果没有一个"教育尺度"来衡量好社会,同样是对常识的违背。

一种"尺度",就是一种看待问题的视角和参照系。已有衡量好社会的尺度普遍缺失"教育尺度"、"教育视角"和"教育参照系"。

好社会,还需要好教育。

近年来的人类世界颇不太平。自然灾害频发,各种社会矛盾激化,引发了人们对未来的担忧和恐惧。人们设想了许多化解问题的手段与策略,涉及到保护环境、完善应急机制、关注民生等,但似乎都与教育无关。我不能不遗憾地说,一直以来,人类社会缺失的是教育眼光和教育尺度。

2011年日本的大地震和核泄漏,使我们重新认识了日本公民。国人眼中的日本人,变成了淡定、从容甚至优雅的代名词。各种形式的媒体从不同侧面展现了日本人的公民素质。这种素质不是在讲台上喊口号喊出来的,也不是可以在镜头前表演出来的——在迫在眉睫的灾难面前的从容不迫和安详,除非深入骨髓、浸透灵魂,是很难现场展示的。电视中的一个镜头是日本老百姓在超市排队购买生活必需品,我没有看见国人习以为常的拥挤、喧闹和插队,这是一个长长的在静默中缓缓前行的队伍。最让人动容的是,经过漫长的等待,终于进入超市中的人,都只买自己近期够用的东西,不会大包小包的狂买狂购,把机会留给后面排队的其他人。记者对此的分析是,这与日本人的一种习惯有关:怕给别人添麻烦。哪怕自己多么悲伤绝望,也不会大声哭泣,更不会哭天抢地、声嘶力竭,因为这会引起别人的关注,引发他人对自己的关照,给别人带来麻烦。因此,我看到的只是深陷失去家园和亲人之苦的灾民,默默地以手帕拂面,悄然无声地抹去默然而出的泪水。

这样的公民素质不是表演出来的,是教育出来的。从幼儿园开始,"灾难教育和挫折教育",就与日本儿童相伴相随,成为其日常生活的一部分,成为其生命成长的一部分。这种伴随其生命而来的基础教育,为今日的日本社会和日本人抵御灾害降临,疗治灾难创伤奠定了基础。我们没有发现日本社会大张旗鼓地宣传"素质教育",但日本人的公民素质和公民教养却在点点滴滴的生活细节中随处可见。这些细节本身,对于在场和不在场的所有人,何尝不是一种教育?一个在其中耳濡目染的孩子不就在接受教育吗?像我这样的成年人,不也在其中受到了"教育"吗?教育从来就不局限在学校,教育之事并不等同于学校之事,教育是社会的细胞,它无处不停留,无处不生长,无处不在产生影响,发挥教育特有的力量。对我而言,我已经在日本地震中感受到了教育的力量。与日本儿童或早已成年的日本公民相比,差异只是在于我接受的教育影响,是"补课性质"的教育,是早该经受的一种"基础教育"——我在不惑之年补的是日本人在幼童时代就有的基础课程。

"好教育"的形成和发展,有赖于社会的保障和支持。教育与社会的关系,是一个言说不尽的话题。人们普遍关注的焦点集中在"教育如何为社会发展服务?""教育如何应对社会变迁带来的各种挑战?"这些问题的提出和解决,背后是流行已久的,是应答式、被动式和单向式的思考方式。

所谓"应答式",研究者总是强调教育者要有时代关怀,敏锐体察时代精神,在把握时代脉搏中发觉时代对教育的挑战,思考社会转型与发展过程中,教育如何为其提供所需服务、满足社会转型的教育需求。教育的价值与角色因此缩减为只是为社会转型与发展服务。这种应答必定是被动的:时代挑战不可避免地到来了,只好去被动地迎接它。

这些思考方式催生了广为盛行普及的"要求论"、"先行论"、"适应论"和"配套论"。

"要求论"主张"教育转型是社会转型的必然要求,它既是社会转型的重要内容,也是社会转型的必要条件"。换言之,教育转型是在社会转型的外在"要求"下实现的,它自身并无内在的转型需要,我们只需要探究社会的发展"要求"教育有什么变化,会产生什么影响。

"先行论"强调,社会转型始终先行于教育转型,教育只是亦步亦趋地跟在后面,因此,社会渐变带来的是教育微调,社会剧变催生的是教育重构,社会混变则引发教育失范。

这种思考逻辑导向的是"适应论"和"配套论",即"在后"的教育转型,存在的价值只是为了与"在先"的社会转型"适应"与"配套",因此,才有如下常见的观点:

> 我国在进入改革开放的新时期以来,教育和其他方面一样进行了深入的改革,也取得了巨大的教育成就。但面对以经济体制改革为核心的社会转型的新的形势要求,面对世界全球化、信息化、知识化的国际竞争背景,我国教育在教育思想、教育体制、教育结构、人才培养模式以及教育教学的内容和方法等方面还相对滞后,还不能与经济体制、科技体制、政治体制等方面的改革和发展相配套、相适应。

在如上思考逻辑的支配下,教育和社会的关系构成了一种不平等的关系:教育只是社会的附庸和应声虫,只能被动迎接社会的挑战、响应社会的召唤、满足社会的需要……同时,颇有些无奈但又不得不"卑躬屈膝"地等待甚至向社会各部门"乞讨"资助。

叶澜曾经指出,在教育与社会的关系之中,存在着三大缺失:一是社会发展的教育尺度缺失。社会很少基于教育的尺度和眼光来衡量社会变迁与发展的原因、状态和质量;二是社会缺乏对教育的责任。总是强调教育要为社会服务,却忽略了社会如何为教育提供更好的服务;三是每个社会细胞缺少对教育价值和功能的把握。长期以来,社会整个细胞没有成为内含教育的责任和为社会成员提供学习的平台,许多社会机构也没有能够成为具有教育价值和功能的机构。

最普遍、最关键的缺失,是教育尺度的缺失,人们习惯于用政治的尺度、经济的尺度、文化的尺度、科学技术的尺度等来衡量教育、衡量社会,但还不习惯,因为还没有以教育的尺度来衡量社会。近年来日渐流行的关于"什么是好社会"的讨论,几乎与教育无关,很少有人把"好教育"和"为教育提供好的支持"等作为判断、建构好社会的基本尺度与基本标准。因此,社会总是向教育提出各种各样的期待和要求,而很少想到社会能够为教育的发展提供些什么。与之相反,社会往往成为干扰教育发展的阻碍因素。对于学校这个教育场所,各个行政部门,如税务局、工商局、公安局、物价局等,可以任意出入学校,以自己的方式影响,甚至是干涉学校的正常教育教学活动。校长之苦,教师之苦,早已人皆尽知。

一个常识性的道理被长期遮蔽了:健全、健康的基础教育离不开社会的支持和保障,素质培养、人格培育、智慧启迪不仅与学校有关,也与社会生态相关。日本公民的灾难教育,从来不只是学校教育的事情,日本的每个社区、每个社会机构、每个家庭,都以各种方式参与其中。日本人在灾难面前的公民素质,是整个社会共同培育、共同保障支持的结果,是社会承担教育责任的结果——全社会都为人的"公民素质"的养成承担责任。

同样,教育改革的成败必须与相应的社会保障体系的改革相伴相随。当今中国教育改革的瓶颈与纠结之一,在于社会保障和支持系统的"不给力",只是源源不断向教育提出各种要求,却回避自身的教育责任。社会支持的回避和缺位,造成了当代教育改革与发展的又一种"基础性"缺失。在这个意义上,教育改革与发展的目标不只是教育自身的改革与发展,也涉及"社会基础"的改造与发展,涉及与教育相关的社会体制、机制和制度的更新与重建,"教育的社会基础"和"社会的教育基础"本应形成双向互动格局,但现状与理想依然存在很大差距。

走出困境的关键,依然与"教育尺度"有关。它是一种基于教育立场的眼光、视角和参照系。人类需要转变在社会发展状态的评价尺度体系中政治尺度、经济尺度、文化尺度等尺度的强势地位,以及教育尺度的被弱化、被遮蔽、被湮没的现状。当代中国社会发展尤其需要一种教育的尺度来衡量,以此作为判断当前社会发展状态,包括对待教育发展问题局限性的基本标尺。在此尺度下提出的核心问题是:应该怎样去奠基、创造和建设现代的教育基础。例如,要实施终身教育,在这个背景下去考察社会现在缺什么,应该加强什么。这就是采用教育的尺度去衡量社会,追问和回答要有终身教育的基础,需要社会做哪些努力等。

教育尺度的提出,不仅为教育与社会关系的问题带来新认识,而且也将为"好社会"的形成和发展,带来只有教育才能带来的推动力。

、

13. 教育帮助学生开掘幸福之源

"教育要为学生一生的幸福生活奠基",这是一条日渐流布的教育常识。

如果我们承认"教育即生长",那么,无论是生长的过程还是结果,都是指向于幸福的。如果一种教育无法为学生、为人类带来幸福的生活,肯定不是好的教育。"奠基"一词内含了教育的使命、饱含了教育的力量、深含了教育的深度和高度,使常常滑向"就业"、"收入"而变得媚俗庸俗、绵软虚弱的教育,拥有了内在的气度与刚度。

但我隐约担忧:教育希望为学生带来的奠基,最终可能变成一种替代和束缚,教育者一旦离开,学生只能在他人替其奠定好的基础上生活,却无法也无力自己去打造、去充实、去完善自我的生命基石。

若将"奠基",换为"源泉的开掘",再增添"帮助",或许更符合教育的真谛。

回到《荒漠甘泉》这本在西方流行甚广、影响很大的奇书。抛开其中的内容不说,只是就书名而言,它引发了我追问的冲动:

"教育给学生带来的一切,什么是其中最有价值的?"

答:"生命生长的源泉。"

"衡量教育成功的标准是什么?"

答:"学生能否在教师的帮助下,开掘出属于他自身的生命源泉。"

水、面包、空气都只是"泉",而不是"源"泉。知识就是这样的"泉",教育者可以不断给予、增添,学生也会不断吸收消耗,但泉水总有喝尽干涸的一天。"源"泉则大为不同,它是泉水得以产生的源头,能够让泉的涌出供给源源不断。

不是有了知识才有力量,找到了知识得以产生的源泉,自己具有发现知识、捕捉知识和创造知识的能力,把自己变成知识的源泉,才是真正的力量。谁让学生拥有了这种力量,谁就在自己的教育中,展现了教育的力量。卢梭说:

> 我们生来是软弱的,所以我们需要力量;我们生来是一无所有的,所以我们需要帮助;我们生来是愚昧的,所以需要判断的能力。我们在出生的时候所没有的东西,我们在长大的时候所需要的东西,全都要由教育赐与我们。(卢梭,1979)

教育最重要的价值,在于"赐与"学生这样的源泉。准确地说,不是替代性的给予,而是帮助性的给予,是和学生一起去开掘源泉。

构成这种源泉的有五样东西:好奇、乐趣、方法、能力和习惯。

源泉之一:好奇。

李政道认为:

> 对于青少年,最关键的是从小要有好奇心,遇到问题追问下去,这种精神比考试得到好分数更重要。(李政道,1989)

"好奇心"所以比"好分数"重要,在于它是智力发展的起点,是求知欲的开端,且具有引发学习热情和兴趣的强大催生力。有没有"好奇心",以及有多大程度的好奇心,是学习动力的首要源泉。教师的任务,就是在课堂上和学生一起开掘好奇的"源泉"。

有一个孩子,一向不喜欢语文。后来换了个语文教师,他仅仅用了不到十分钟,就让这个不爱语文的孩子从此爱上了语文课,长大之后还成了一个作家。

我们回顾一下这位教师的教学片断。

师:(在黑板上书写了一个大大的熟字"射")同学们,这个字读什么?

生:(齐读)射(shè)

师:(摇头)这字不念(shè)

(生惊异,还能读别的音吗?)

师:(在"射"的两部分中间画了条虚线)你们看,一寸的身子,这个人怎么样?

生:矮

师:对!这个字念(ǎi)

(生惊叹,情趣倍增)

师:(又在"矮"字的两部分中间画了条虚线)"矢"是箭,"委"是派出的意思,把箭派出去,是什么?

生:射(shè)。(兴奋极了,感到汉字真有意思。)

师:你们看,该念"射"竟可以念"矮",该念"矮"竟可以念"射"。汉字各部分能会意,多么有意思呀!(当然,该念什么还要念什么。)

这个片断的关键词是"惊异"。当教师否定了学生的答案之后,"惊异"就在学生心中滋生了。教师产生"惊异"的办法很简单:把熟悉的陌生化。对于"射"字的读音,学生显然再熟悉不过了,然而老师却出人意料地摇头,使学生陡然产生了陌生感,陌生产生了惊异,惊异激起了学生的好奇心。接下来的教师对汉字巧妙的处理方式,则如同"火上浇油"般让学生心中好奇的火焰得以燃烧起来。

教师最后以"意思"作为总结,这是一个意味深长的结尾,它揭示了一个对所有教师都有效的常识性要求:要让学生喜欢上你的课,有惊异感和新奇感,就要让他们感受到"真有意思",它引发的是学生的"乐趣"。

源泉之二:乐趣。

没有比让学生产生学习的乐趣更有助于促进生命生长了。

如同一位名师所言:

对于孩子们学习来说,第一是兴趣,第二是兴趣,第三还是兴趣。当孩子们兴味盎然地投入到学习中去时,学习就变成了一种精神需要。

日本小提琴家铃木镇一上小学时,日本的升学竞争很激烈,所有家长关心的是孩子的学习成绩。但铃木的父亲对他成绩要求却不高,每门功课只要考60分就行了。这是一个与大多数家长不一样的要求,让被分数这座大山压得喘不过气来的小铃木很是意外:

"60分怎么行啊?"

"60分怎么不行?"

父亲反问道。小铃木一时呆住了。

父亲接着说道:

"60分就代表及格了,及格了就表示合格。你想想,工厂的产品合格就出厂了,既然你已经合格了,儿子,你没有必要把全部的精力耗费在争名夺利上。考第二名非要争第一名,考九十多分非要争一百分,一次一百分不够,非要次次一百分。儿子啊,求知是人世间最大的欢乐,如果你成天想到的只是考试分数,那,求知不就变成一种无尽的苦难吗?"

小铃木陡然觉得身轻如燕,兴奋起来了。但转念一想,不对,忍不住继续问道:

"这样学习太轻松了!空闲时间做什么呢?"

"你永远记住爸爸的话,其他时间用来博览群书,把求知的欢乐还给自己。"

父亲的话从此深印在小铃木的脑海里,他按照父亲的教导,在功课上花的时间并不多,学习成绩中等。而读过的课外书是全班同学的十几倍,从中体验到学习的愉悦。他在阅读大量的课外书籍后,感觉到应该还要读天理:读每个生命——这本无字的天书,读大自然——这本无字的百科全书。最后铃木成功了,比班级中的任何一个成绩优等的学生都成功,成为名满天下的小提琴家。

铃木的成功,源于他接受了一次成功的教育。作为教育者的父亲,激发了铃木求知的乐趣。这种乐趣是从阅读的乐趣开始的,还可以延伸到观察的乐趣、质疑的乐趣、思维的乐趣、创造的乐趣等。这些都是教育者需要帮助学生开掘的源泉。孔子说:

> 知之者不如好之者,好之者不如乐之者。(《论语·雍也》)

有了乐趣,何愁没有学习的动力?

一位把孩子送到美国读中学的朋友告诉我,他的孩子在国内读书时,总是叫苦连天、抱怨不断,既无动力,也没有耐心,但到了美国后,常常学习到深夜,只是为了准备明天对自己研究成果的汇报。不过,却很少听到孩子叫苦了,从孩子的眼神中,他看到了乐趣,并因此发现孩子最大的改变是开始享受学习的乐趣和思维的乐趣。

这印证了苏霍姆林斯基的教育体验:

> 好的教育能够让学生产生思维的欢乐,思维就像一棵花,它是逐渐地积累生命的汁液的。只要我们用这种汁液浇灌它的根,让它受到阳光的照射,它的花朵就会绽开。让我们教会儿童思考,在他们面前展开思维的最初的源泉——周围世界吧。让我们把人类最大的欢乐——认识的欢乐给予儿童吧!(苏霍姆林斯基,1981)

还有一种重要的欢乐,成功的欢乐。苏霍姆林斯基说:

> 你在任何时候也不要急于给学生打不及格的分数。请记住:成功的欢乐是一

种巨大的情绪力量,它可以促进儿童好好学习的愿望。请你注意无论如何不要使这种内在的力量消失。缺少这种力量,教育上的任何巧妙措施都是无济于事的。(苏霍姆林斯基,1981)

源泉之三:方法。
只有乐趣还是不够的,它生成了生长的动力,但要让动力变成行动,还需要有适当的方法,学会用最恰当的方法掌握知识、运用知识并创造新的知识。

源泉之四:能力。
随着方法掌握和运用的熟练化,教师需要通过引导把方法变成综合性的能力,如阅读的能力、质疑的能力、思维的能力和创造的能力等,第斯多惠说:

> 正确的办法是把主要意义不放在学科上,而放在学生由于掌握了学科而获得的能力上。(第斯多惠,1964)

有了能力的乐趣会产生迁移的力量,人的能力具有很强的迁移性。我学习的第一个运动是"手球",当我学会之后,随后掌握的运动技能是乒乓球、足球等,我发现,因手球而来的运动能力促使我很快掌握了其他运动的技能。我相信,其他能力也大致如此。

源泉之五:习惯。
在培根看来,教育其实就是习惯的培养:

> 毫无疑问,从幼年开始的好习惯是最完美的,我们把这叫做"教育",因为教育其实就是一种早年开始的习惯。所以我们看到与以后的时期相比,幼年时代学语言,舌头学习表达方式和发音时更柔顺,学各种技巧动作时,关节更灵活。(威廉·H·麦加菲,2012)

虽然,教育不止于习惯,但是只有所有的好奇、乐趣、能力和方法变成了"习惯",才能够说学生的"源泉"已经在内心开掘成功,从此难以撼动,并且自发产生生命生长的活水。

从好奇、乐趣、能力、方法到习惯,这一链条式的教育源泉的开掘过程,是古往今来所有教育得以成功的第一法则,也是走向幸福生活的源头活水。

在我生命生长的过程中,曾经是小学语文老师的母亲,对我最大的教育,是培养了我阅读的兴趣和习惯,这是最让我深怀感恩之处。从昏黄的油灯到明亮的白炽灯,无数个灯下的夜晚,是阅读的夜晚,母亲陪伴着我,在朗读、倾听、默读交替进行的阅读交响乐中,逐渐引发了我对书籍的兴趣,今日我书房中的万卷藏书,都是母亲的家庭教育的惠泽。今日之我,无论去哪里出差,无论乘飞机、火车和汽车等何种交通工具,我的背包行囊中总是放着各种各样的书籍,一有空就阅读。每日睡前的阅读,也是必备的功课。因为有了这样的教育,阅读已经深入到我的骨髓、血液之中,从此陪伴终生。这使我想起夸美纽斯的一句话:

> 对青年的正当教育不在于把他们的脑袋塞满从各个作家拉来的字句和观念,而在使他们的悟性看到外面的世界,希望他们的心理自己生成一道洪流。(夸美纽斯,1979)

让我们再次回到衡量教育是否成功有效的基本标准:我的教育,是否帮助了我的学生,在他们的头脑中自主开掘出了生命生长的源泉和洪流?

14. 教天地人事,育生命自觉

这句话来自于叶澜,她在一次面向华东师大本科生的讲座中,以此作为讲座的标题,很快流传开来,变成许多人的口头禅。后来有校长请人把这句话变成了书法作品,挂在我的墙壁上。

"教天地人事",说的是教育的内容,教给学生有关天地万物的真理和知识,人间之事背后的规范和道理。"育生命自觉",阐明了教育的目的。

既然教育是促进人的生命生长的实践,那么培育什么样的生命,就成为教育者必须回答的问题。在中国,每年七八月份,是毕业生升学就业的高峰,每到此时,校长和教师都能清楚地说出从自己学校走出的学生有多少人,考了多少分,考到哪所学校,在哪里高就等。但恐怕很少有人能够讲得清楚:通过多年的教育,这些学生走出校门的时候,他们成为了什么样的人?在他们踏进校门的时候,我原本希望他们成为什么样的人?

培育有生命自觉的人,就是一种教育的理想和标杆。

一个有"生命自觉"的人,具备三大特征。

第一大特征:明自我,即对自我的生命自觉。

孔子在《论语》中描述了人生的基本历程:"三十而立,四十不惑,五十知天命,六十而耳顺……"他实际上是在告诫我们,人在一生的不同阶段都要学会"明自我"。

"三十而立"。不仅是说人到 30 岁要成家立业了,更是说,人到了这个岁数需要"立志":自己这一生到底要追求什么、有什么人生信念,都要立起来了。老师、家长和长辈可以帮他，但不能替他立起来，到了30岁，一个人可以而且应该自主、自觉地"立"起来了。曾经有人提出"教育就是立人"，这是一条流传甚久的教育常识，但还没有完全触及教育的真谛。"立人"中的"立"者是教育者，"人"是受教育者，是"受立者"和"被立者"，这样的教育很可能沦为替代和被动的教育。教育的最终目的，不是"立人"，而是"人立"，使我们所欲"立"的孩子或学生，能够自主自觉确立自己此生的人生目标和信念。

教育可以从"立人"开始，但必须以"人立"结束，使每一个孩子长大成人之后，都能自主自觉站立于宇宙、自然和社会之间，这就是人们通常所说的"自立"。

"四十不惑"。进入这个年龄阶段，被诸多困惑、疑虑等重重迷雾包裹的人生，开始有了云开雾散的感觉，那些困扰生命的或重大或微小的问题逐渐得以清晰。其中最重要的问题，就是"人究竟为什么而活？""生命的价值和意义到底何在？"这样一些似乎空洞但却时常折磨我们的问题，开始有了些许答案。在我快要进入40岁的时候，我送给自己的每个学生一本书《世界因你而不同》，我想借此书展现我的"不惑"，同时也表达对学生的期望。

对于教师而言，这个世界是学生的生命世界，我们都需要以自己的教育实践回答一个至关重要的问题：你的孩子或学生的生命世界，有没有因为你这样一个教育者的存在而有所不同？如果有所不同，而且是促进生命健康生长意义上的不同，你的教育生涯就有了价值，你的人生就有了意义。

我相信，每个人降生在此世，必有他的使命和价值，不管使命的大小，但都属于这个人的命运，都是这个独一无二的宇宙的核心要义，只要履行了此生的使命，人生就有了价值，生命就有了意义，世界就因为有了你这样一个生命曾经存在过，而有了这样或那样的不同。

2011年，天才乔布斯去世当天，我写了一条短信评论并转发给每个学生："乔布斯走了，他完成了自己的使命，以自己的方式改变了世界，此生无憾。"

"五十知天命"。50岁之后的人生，应有两个重大改变：一是知道此生的独特。明确了什么是我这个生命在宇宙中的独一无二,什么使我与芸芸众生区别开来并因此成为我安身立命的根基?二是明了自己的限度。每个人的生命,无论是长度、宽度、深度,还是高度,都是有限度的。限度就是一个人一生的路程或者射程。人与人之间命运的差异,不仅在于所走之路方向上的差异,也在于路程或射程距离上的差异,有人能射一万米,有的人只能射数千米甚至几百米。明了生命的限度,就可以不再做超出射程之外的事情,否则就是劳而无功,适得其反。

50岁之后的生命,可以不需要别人来算命,自己可以知晓此生的命运了。

"六十而耳顺"。除眼睛之外,耳朵是人最重要的获取外界信息的感官。特别是获取他人的声音,包括对自我的评价。60岁的人,一切可以风淡云轻,但不能因此变得糊涂不堪,生理意义上的倾听能力可能会下降,但精神意义上的倾听能力却在上升,至少对别人说的话,是好话,还是坏话;是坦诚的真话,还是虚与委蛇的假话,都能听清晰、听明白并有准确的判断,不至于把坏话当好话,把假话当真话,这就不是"耳顺",而是"耳背"了,此前60年的人生就白活了。

一个能够"明自我"的人,必然知晓自己的优势、劣势和潜势,必然会有清晰的自我规划,并因此而变得坦然、从容和有气度。一个光明磊落的人,首先是要对自己的人生有光明磊落的判断和呈现。最可怕的无知,是对自我的懵懂无知,最恐惧的黑暗,是对自我的无知而导致的黑暗混沌。

第二大特征:明他人,即对他人的生命自觉。

其中的要义是对他人的生命有敏感、尊重和敬畏。为什么要把"敏感"放在尊重和敬畏之前?因为没有敏感,就没有对他人生命的尊重和敬畏。

在中国说相声的加拿大人"大山",娶了个中国太太,生了个孩子。有一天太太在家中喂奶,突然有记者来家中采访大山,看到记者进屋,太太赶紧跑到里屋,找到一条宽大的围巾把自己身体盖住,同时带着歉意对记者说:"您别介意,这是他们加拿大人的习惯,有客人来访,做妈妈的喂奶,总得找个东西遮盖一下,这样做,既是尊重你们客人,也是尊重我们自己。"

我曾经给山东某地骨干教师培训班上课。当地教育局长也来听课，坐在前排。当我坐到讲台边，有教师热情地为我送上一瓶矿泉水。局长看见后立刻把她叫过来，耳语了一番，很快我的矿泉水被撤下，换上一杯热茶，而且是红茶。这是一个异常敏感的人。他看见了我的"瘦"，马上联想到瘦人往往胃不好，不能多喝凉水，可以喝热茶，但尽量要少喝绿茶，绿茶伤胃，所以给我换上的是红茶。这个局长对我这个独特生命的敏感，让我终身难忘。

2011年3月11日，日本大地震，家园被毁的灾民排队去公共澡堂洗澡，大多急急洗完，匆匆出来，为的是让后面的人也有洗澡的机会，当时的热水是稀缺资源，这同样是一种对他人生命的敏感。做任何事情都想到自己在做的事情，可能会给周围的人造成什么样的影响，如何才能给别人以方便，而不是给别人添麻烦。这种行为，起初是出于敏感，后来变成了一种习惯，并成为一个公民素养的具体表现。

并不是所有的人，都有这样的敏感和素养。

我在北京教育学院工作时，曾经参加过一次教师体检。其中有一项是内科检查。在一个空荡荡的大教室中间放了一张台子，每个人躺在上面，掀开衣服，接受医生的检查。这是一张没有任何遮挡的开放式平台，以它为核心，构成了一幅并不鲜见的画面：每个人都需要在众目睽睽之下敞开自己的肚皮，旁边是一个长长的队伍，主要任务就是：观摩。大多数人似乎对此熟视无睹，安之若素。只有站在我前面排队的诗人王家新产生了"强烈反应"，诗人的敏感使他的脸涨得通红，忍不住大加抱怨：这简直是侵犯人权嘛！随后拂袖而去。

还有比这更糟糕的事情。我有一次坐在上海火车站候车室，准备乘车出差。随后到来的人在我面前排起了长队。一位中年妇女碰巧站在了我的对面，她不幸感冒了，不停地咳嗽、打喷嚏，显得十分难受。这本来是一件值得同情的事情，但很快我就发现值得同情的变成了我自己。她的咳嗽和喷嚏都十分"坦荡光明"，从不捂嘴巴，唾沫、鼻涕等各种排泄物不断喷到我脸上。连喷了几次之后，我忍无可忍，但又不便发脾气，只好表演了一番：假装咳嗽打喷嚏，随后捂住嘴巴，眼睛直直地盯着她，意思很明显：请像我一样捂嘴巴吧。很遗憾,我的表演失败了,她无所察觉或者是无所顾忌地继续向我喷。

这不是对他人生命的敏感,而是真正的迟钝。一个对他人生命存在和生命需求迟钝不堪的人,如何指望他有对别人生命的尊重和敬畏?

这本是一条人之为人的基本常识,但违背常识的现象何以会在日常生活中成为常态?

第三大特征:明环境,即对环境的生命自觉。

人的生命生长过程,总是处在各种环境之中,从家庭环境、学校环境到所在的乡村、社区和城市环境等。在人的生命生长与发展历程中,环境具有重大影响。什么样的环境最有利于受教育者生命的健康生长?是否有这种问题意识且能有自己明确判断,是判断一个人是不是具有教育眼光和学生立场的基本标准。著名的"孟母三迁"的故事,典型地反映了作为教育者的孟母对环境的敏感,她很清楚什么样的环境最有利于孟子的健康生长。孟母虽然没有多少文化,但却可能和孔子一样,是中国历史上著名的真正"懂教育"的人。

明环境的人,一定是敏感的人。这里的敏感不只是对环境本身的敏感,而是对环境与人的关系有敏感。原上海建平中学校长冯恩洪有一年去广州出差,听说广州某五星级酒店很不错,就跑过去观摩一番,果然整体建筑外形很有风格,他想走进大门,到里面看一看。进去之前,他不由自主做了几个动作:把因天热而挽起的裤脚放下去,把被风吹乱的头发捋平……正当他抬脚迈入大门之前,猛然一个问题涌现:我为什么要这样?为什么在进去之前把自己修饰一下?他停下来,看看周围,不少人做了类似的行为,都进行了这样或那样的自我修饰。为何如此?带着这样的问题,冯恩洪踏进酒店,很快又发现了更有意思的现象:刚才在外面还高声喧嚷、粗俗不堪的人,到了里面,变得温文尔雅、轻声细语;方才在外面随地吐痰的人,到了里面就闭紧了嘴巴,而且旁边并无保安监督罚款。这又是为什么?原来酒店内部的环境整洁优雅,地板光洁得跟一面镜子似的,任何人处在这样一个优美的环境里,都会不由自主约束自己的行为,避免做出与这样的环境不适应的行为。冯校长由此联想到自己管理的学校,他早已三令五申要求学生爱护学校环境,不要随地丢纸屑,但效果不佳。所以如此,是因为学校环境还不够整洁优雅,学生无所谓。带着这样的感悟,回到学校后的冯恩洪,启动学校文化建设的第一步,就是大力改变学校的环境。

冯恩洪的所感、所思、所行,说明他很早就意识到了一个当下被宣讲的一条教育常识:环境即课程,环境具有影响人、改变人的教育价值。

有环境自觉的人,对所处环境中有利于自我和他人的生命生长与发展的有利资源,会主动挖掘、充分利用;对阻碍或限制生命生长的不利资源,则会主动规避和化解,概言之,就是主动对环境及其资源的"趋利避害"。

如果一个人,既能明自我,还能明他人,更能明环境,就是具有生命自觉之人。我们的时代,需要这样的人:在这样一个已经从跑马圈地转为拳击手,再走向角斗士的时代,生存竞争日益惨烈,谁越主动、越自觉,谁拥有的生长发展的机会和空间就越大。我们的学校,需要为社会培养这样的人,这是学校的使命,也是教育者的使命。这一使命是对教育内涵的再诠释,用原芝加哥大学校长赫钦斯的话来说,教育就是帮助学生学会自己思考,作出独立的判断,并作为一个负责的公民参加工作。用叶澜的话来说,教育,就是"教天地人事,育生命自觉"。

15. 教育的作用是有限的

知识能够改变人的命运,这个说法曾经激励了无数的人,也为无数的事实验证。然而,这种说法经不起推敲,有了知识,人的命运依然没有改变的现象同样存在。在当今大学急剧扩张后的中国,这样的现象此起彼伏,我们早已耳闻目睹,相关经验已有丰富的积累。

问题出在这一已经教条化的人生常识,缺乏严格全面的证明,人们习惯以"被知识改变了命运"的正面事例作为证明,但那些有了知识,命运并没有因此改变的反面事例,却被悄然抹去。

如果以改变人的命运为标准,不是所有的知识都能达到这样的目的。存在两种类型的知识:能够改变人的命运的知识;无法改变人的命运的知识。当我们说"知识改变人的命运"的时候,指的应该是前者,但却忽略了或者替代了后者。

我们至多能说:有知识的人生和没有知识的人生,是不一样的;有某种知识的人生和没有某种知识的人生大不相同。这与"有工作的生活和没有工作的生活是不一样的"、"做与不做某一工作的生活大不相同",其实是同一个道理。

知识对人的命运的改变,只是一种可能性,并不具备必然性。我们不能把可能性当成现实性,更不能视为理所当然。哪怕那些能够改变人的命运的知识,也是有限的。

知识改变命运可以如此理解:知识能够改变某一些人的命运,不能改变另一些人的命运。无论改变与否,都是命运的一部分。

带着这样的理性返观教育与命运的关系。教育能够必然改变一个人的命运吗?

我大抵是悲观的。教育所能做的，更多是推动命运的实现，而不是命运的改变。每个人有多少可能性，有什么样的可能性，也是命运的一部分。一个人有自身不可抗拒的命运，以及能够发挥有限作用的教育。教育和命运如此纠结在一起，共同诠释着一个话题：生命的限度和教育的限度。

命运就是对人生限度的一种昭示。教育就是对人生限度的有限突破。

即使撇开人生命运和人的限度这样的话题，专注于教育本身，我们仍然不能够对教育的作用过于乐观。即使我们投入了最真诚、最炽烈的爱的激情，付出了常人无法体会的最痛彻的艰辛和困苦，展现了世界上最卓绝的坚韧和耐心，但很可能最终收获的还是"失败"。更让人心生悲凉的，还在于这样的教育失败不是偶然事件，而是高概率的常态事件，它似乎充斥着教育生活的每一个角落，实现了日常化，大量的教育失败就是日常教育的一部分，它带给我们的是沮丧、无奈甚至绝望。

教育为什么是有限的？因为它是一个与人有关的事业。人的复杂不只在于其本身充满了难以解开的奥秘，例如人的大脑，是一个让人叹为观止的宇宙。从教育的眼光来看，人的复杂表现为"生命生长的过程"，各种影响因素和条件的纠结，各种道路的缠绕，各种未知的偶发事件的干扰，会产生无穷无尽且意想不到的变化。"正确的起点，错误的终点"是经常发生的情形。人类始终怀有对确定性的真理和规律的追求，但这个世界，包括生命世界和教育世界的不确定性无法改变。对于教育而言，最大的不确定性来自于教育过程，人类既有相对普遍性的生命生长的发展节律，这是我们孜孜以求的所谓"教育规律"，它是人类寻求确定性的产物。似乎找到了"规律"，就万事大吉了，既然一切均已在规律中确定不疑，以后所有现象都将纳入到规律的轨道。

个体生命的多样性、丰富性不时在挑战和打破这种不确定性。对这一个体有效的教育，对另一个可能就全然无效。世界上也许存在屡试不爽的"教育兵法"，但任何有经验的教育者，都知道这样的"兵法"不是适用于所有学生的兵法，也不是所有老师都能用的兵法。《孙子兵法》似乎早就勘破了战争的"规律"，一代代的武将为之顶礼膜拜，但成功者总是屈指可数，常胜将军总是将军队伍中最少的那一部分。

教育者不可能永远成功,教育生涯中的常胜将军也并非随处可见。

在原则、方式已经明确的情况下,学习者、运用者的天赋、悟性和能力就成了关键,但这并不是可以轻易并且必将达到的目标。

每一个教育过程,都是一场必将重新展开的战役。如同没有人会走进同一个战役一样,没有人也会走进同一个课堂,步入同一个教育过程,哪怕是讲授同一个教育内容。教师、学生无时无刻不在变化,教师只有根据教育对象和自身的变化,找到适合此时、此地、此人的最佳教育方式,这是教育世界中唯一不可撼动的"铁律"。

一切的根源,都与"每个生命的独一无二"有关,它表现在生长需求的独一无二与生命生长过程的独一无二,满足了这一个体的生长需要的教育,不一定能满足另一个体,适合于这一个体生命生长而有效的教育过程,到了另一个体生命那里,可能并不适合因而无效。

夸美纽斯说过:"凡是生而为人的人都有受教育的必要。"这是对教育意义的强调,虽然用的是全称判断"凡是",但足以使人相信。但他的另一句话就让人心存疑虑了:"只有受过恰当教育之后,人才能成为一个人。"这是一种过于乐观的判断。现实的情况是:不是受过教育的人,都能成人;即使有合适的教育,人也不一定能够成为人。

不妨做两类人群的调查研究:大学教育研究者的教育成败和教育名师的教育成败。

大学教育研究者是一个庞大的群体,这些以研究教育理论为职业的人,应该是世界上了解、掌握教育理论和"教育规律"最多最全的人,按道理,无论是以自己子女为对象的家庭教育,还是以本科生、研究生为对象的学校教育,都应该是成功的,至少成功的概率要比那些对教育理论、知识和规律知之甚少的人群要高得多。但实际情况可能并不如此,能研究好教育,但不一定能做好教育;能教育好别的学生,但不一定教育得好自己的子女,这样的例子,并不鲜见。那么,他们苦苦追寻的教育真理和教育规律,到底价值何在?是否只是一些针对他人有效,而对自己无效的真理和规律?如果是这样,它们还是"真理",还是"规律"吗?

教育名师是一般教师向往的灯塔,他们的课堂成为被模仿和学习的对象。但根据我的听课观察,名师的很多公开课只是看上去很美,观赏性很强,一般老师学不来,做不到,无法变成自己的教育教学实践,只能看一看,观赏一下而已。名师的教育方式,在很大程度上只适合自己,不适合于他人,强行照搬名师的教育经验带来的教育失败并不罕见。名师的成功,与"公开课"这种当众表演的机会有关。表演对于人的生命生长有育人价值和生长价值,有充分表演机会的人,会比缺少表演机会的人有更多的成长和发展的可能。表演的才能与表演机会也有一定的关联。

名师的成功,与天赋、勤奋和机遇有关,但与所谓教育理论和规律没有必然联系。

我从不否认名师有大量的教育成功案例,但这并不意味着他们就永远成功,他们成功之后的遭遇的"教育失败",包括面对自己学生的教育失败,并非个案,只是不会有人关注和宣传而已。因成功而成名成家后的教育名师,培养出来的学生也不是个个成功,依然会有教育失败,只是在概率上比一般教师低一些而已,——这一判断仍然需要实证数据的验证。

这或多或少说明一个道理:哪怕我们拥有多少先进的教育科学、教育理论,掌握诸多丰富实用的教育常识,身边有许多大教育学家和名师、特级教师,他们的作用只是减少了教育失败在教育生活中的比例,但无法消除教育失败;他们证明了教育是有作用的,但无法改变"教育的作用有限"这一事实。

世间被到处宣扬的是教育成功,被遮蔽的是教育失败。这是有关教育业绩宣传的潜规则:各校的校史馆必将陈列的是昔日学生,今日校友的总理、部长、将军、院士和博士,必定不会放入的是误入歧途的浪子、遁入牢房的罪犯和臭名昭著的汉奸。后者的失败,往往只会被归结为人生失败,命运捉弄,而不是教育挫败,最多怪罪一下家庭教育,让本已伤心的父母再戴一顶"子不教,父之过"的帽子。他们所在的学校,所师从的教师,对这样的人物和历史始终讳莫如深,唯恐避之不及。不会有人主动到法院、到牢房去认领自己的学生,也难以将这样的"典型个案"纳入到个人教育传记之中。至少到目前为止,我还没有听说过这样的事例。将来是否有,我们也不必抱太大的希望。

教育的限度,表现在教育并不必然带来我们期望的健康主动的生命生长,过多的教育或者不适当的坏教育,有时反而是对生命的一种戕害。杜威早就慨叹过:"那些因为教育而失去天真的成年人……"啊,后面的感叹词"啊",是我忍不住加上去的,我对杜威的经验之谈有太深的体会。诗人梁小斌的表达同样使人驻足良久:

我提醒你

有一朵花从你脸上被撕走

要记住婴儿时期的笑容

什么力量,使太多的成年人被撕走了花朵,失去了笑容?这不应一味地归结为岁月的磨砺,那些随处可见的"坏教育"难辞其咎。

正因为教育的作用是有限的,所以,教育的事业才是无限的。在有限中追求无限,这也是教育事业的一部分,是教育得以在人世间永恒存在的依据。如此,才会更加激励我们,用有限的生命,投入到同样有限的教育之中,并将这一事业变为永恒和无限的事业。

知晓"教育的作用是有限的"的教育常识,可能会让我们更加清醒,打破对教育作用的迷信和崇拜,走出沉湎已久的幻象迷局:想当然地以为已有的教育思想和成功经验,将来同样会成功有效,已被证明过成功有效的教育思想和经验,是放之四海而皆准因而无所不能的思想和经验。这样的迷信,反而会增加教育失败的比例。

对任何教育思想、规律和模式,都不必迷信和盲目崇拜。教育目标的实现,最终靠的是教师在已有经验基础上的再创造。

范梅南说:"教学就是即席创作"。教育何尝不是如此?

面对教育的限度和人生的限度,教育者最审慎的态度可能就是:在悲观中执著地前行,对最终能够走到的终点,在超脱中保持淡定和从容。

它彰显了这样的人生态度:尽人事,知天命。

16. 为每个孩子创造适合的教育

孔子对中国教育最大的贡献,在于缔造了一种"教育传统",其中之一就是"因材施教",明代王守仁做了很好的解读:

> 因人而施之,教也,各成其材矣,而同归于善。

这不是一个需要与时俱进的传统。相反,它是一条亘古不变的教育常识,又是时常被遗忘的教育常识。

北京有位家长,据说是知识分子,为女儿买了架钢琴,不是为了培养音乐家,也不是为了考级,而只是为了让她有一定的音乐素养,他们眼中的"淑女"就是能够弹钢琴的人。但不是所有的女孩子都对钢琴有兴趣。很遗憾,他们的女儿对此很没有兴趣,但又无力反抗,天天在父母的严格监督下练琴,痛苦不堪。女儿既"聪明又果敢",最后自己用刀把手筋割断,以此断了父母的心愿。送到医院里,医生不解:何苦这样?多痛啊!女儿淡然回答:割断,痛苦一时;不割断,痛苦一辈子。

同样是家长,德国一位父亲展现了不同的教育方式。他的儿子初中毕业后告诉他不想再读书,想去学木匠。父亲没有立刻表态,而是让儿子回去仔细考虑一周,这毕竟是一个事关一生的重大决定,需要慎重考虑。一周后,儿子告诉父亲的决定:还是想去学木匠。父亲二话不说,立即到商店去买了一套做木匠必备的工具,送给儿子。几年以后的一天,儿子归来,父亲很惊喜:你学成了吗?儿子回答:"不,我还没有学成,但我现在想继续读书了。"父亲还是没有说什么,转而为他准备上学的事情。

此时归来的儿子,已经跟初中毕业时不一样了,他自己有了学习的需要和冲动,是"我要学",而不是"你要我学"。他还明确了未来的发展目标:成为一个建筑师。随后便全力以赴地投入学习,如愿以偿地考上了大学的建筑专业,后来成为德国大师级的建筑师。

两种不同的教育方式,带来的是两种不同的人生。背后是两种不同的教育理念:

替孩子选择道路,还是让孩子自己去选择道路。

教育者为孩子选择的道路,在他们看来是好的道路,但不一定是孩子喜欢的,更不一定是适合的道路。因教育而来的悲剧,就是孩子被迫听从了教育者替他选择的人生之路,结果失去了本应适合他的人生之路。

在我的家乡县中当副校长的同学告诉我,当年他的一个学生,从北京大学毕业后回到了县里。一时没有工作,四处闲逛,与朋友喝茶聊天成为他的主业。他的家长当年在亲友同事面前昂扬奋发的头,低垂下来。他们愁容满面,四处求人,总算把儿子安排进县农业局打杂,主要任务是为领导和客人端茶倒水,打扫卫生。

尽管"北大毕业生卖猪肉"之类的新闻已经不是新闻,但我还是对发生在家乡的这件事产生了惊异。了解原委后发现,这个学生当年填报志愿的时候,并没有填报北大,但班主任和家长认为他极有希望进北大,坚持要求他填报北大,并为他选择了一个据说热门的专业。他"被考进"北大之后,发现对所学专业毫无兴趣,但木已成舟,无可奈何,只好游手好闲地混了四年,最后混回了家乡。

事已至此,家长埋怨,老师抱怨,但抱怨的焦点无一例外集中到学生身上,"没出息"、"不上进"是最普遍的批评。但几乎没有人返归自我,反省一下当年的决定,从教育上找到问题的根源,没有人去想一个根本性的问题:当年,他们替这个学生所做的专业选择和人生道路,适合他吗?

有两个孩子,一个喜欢弹琴,想当音乐家;一个爱好绘画,想当美术家。不幸的是,想当音乐家的孩子突然耳朵聋了;想当美术家的孩子,突然双目失明了。两个孩子非常伤心,痛哭流涕,埋怨命运太不公平。

恰巧,有位老人打他们身边经过,听见了他们的怨恨。老人走上前去,先对耳聋的孩子比划着说:"你的耳朵虽然聋了,但眼睛还是明亮的,为什么不改学绘画呢?"接着,他又对眼睛失明的孩子说:"尽管你的眼睛坏了,但耳朵还是灵敏的,为什么不改学弹琴呢?"两个孩子听了,心里一亮。他们擦干了眼泪,开始了新的追求。

改学绘画的孩子渐渐地感到耳聋反而更好,因为他可以避免一切更多喧嚣的干扰,使精力高度专注。改学弹琴的孩子,慢慢也觉得失明反倒更加有利,因为他能够免除许多无谓的烦恼,使心思无比集中。

耳聋的孩子后来成了美术家,名扬四海;眼瞎的孩子成了音乐家,享誉天下。一天,美术家和音乐家又遇见了那位老人,他俩非常激动,拉住老人连连道谢。老人笑着说:"不用谢,事实证明:只要努力,当命运堵塞了一条道路的时候,它常常会留下另一条道路的。"

这是老人的说法。若从教育立场来看,老人做了两件正确的事情:看清了两个孩子的特点,帮他们找到了各自适合的道路。

理想的教育,就是教师和学生一起去寻找适合的道路,并且要帮助学生走出适合他的道路。

每个人接受的教育,不是教育者给予他的,仿佛针对这个孩子的教育方式早已预备妥当,早已存在于教育方法的武器库里,教育者只需在仓库中取来一用即可。

教育方法,不是一个可以随意套用的模子,不是能够信手拈来的已成之物。适合于每个学生的教育方法,都是未成的,是在教师和学生交往的过程中创造生成的。适合每个孩子的方法,都是量身定做的。

因此,针对每一个孩子的教育,都是一种教育创造。

所谓"教育创造",就是为每个孩子创造出适合他的教育,让每个孩子走出家园、校园之后,按照其各自的天赋、兴趣、需要和能力,各就各位、各得其所,走出属于他自己的道路,活出本应只属于"这个人"的幸福生活。

那个在农业局打杂的北大毕业生,后来考上了公务员,现在江西赣南某县一偏僻的山区,职业是林场管理员。

17. 好教育，是宽大、审慎和温暖的教育

教育的理想，就是把天下的教育，都变成好的教育。

好的教育，不一定是聪明的教育，甚至不一定是智慧的教育。

古往今来，不缺聪明的教育，也不缺有智慧的教育，但聪明可能用来掩盖罪恶，智慧是天籁之音，可望而不可学。

好的教育就是宽大、审慎、温暖，能够将教育的力量绵延终生的教育。

这恰恰是人类缺少的：那种宽大如海洋，高远如天空，审慎如科学，温暖如春天的教育。

宽大的教育，是具有宽大心胸的教育，最大的特点是"宽容"。不会以古薄今，也不会因今忘古，不会有"某某东西，吾国早已有之"的自大，也不会有"月亮也是国外的圆"的媚骨。在这样的教育里，我们可以目睹孔子的面容，发现苏格拉底的身影，看到美国人的开明，学习德国人的严谨，展现中国人的厚德。这样的宽容，是无所不包的宽容，能够对孩子和学生在生长过程中的错误、挫折、退步有充分自然的容纳，并把这种容纳转化为改变人、发展人、促进人的生命生长的力量。

"容忍比自由更重要"，这是胡适晚年最欣赏的格言之一。

1959年，他在《容忍与自由》一文的开头中写道：

十七八年前，我最后一次会见了母校康耐尔大学的史学大师布尔先生。我们谈到英国史学大师阿克顿准备要著作一部"自由之史"，没有完成他就死了。布尔

先生那天谈话很多,有一句话我至今没有忘记。他说:"我年纪越大,越感觉容忍比自由更重要。"(胡适,1959)

胡适最欣赏这句话,说:

他这句话我越想越觉得是一句不可磨灭的格言。

有时我觉得容忍是一切自由的根本,没有容忍,就没有自由。(胡适,1959)

同样,没有容忍,就没有宽大的教育,甚至没有真正的教育。要让学生自由选择他的人生之路,宽容是第一位的。

相传古代有位老禅师,一天晚上在禅院里散步,看见院墙边有一张椅子,他立即明白了有位出家人违反寺规翻墙出去了。老禅师也不声张,静静地走到墙边,移开椅子,就地蹲下。不到半个时辰,果真听到墙外一阵响动。少顷,一位小和尚翻墙而入,黑暗中踩着老禅师的背脊跳进了院子。当他双脚着地时,才发觉刚才自己踏上的不是椅子,而是自己的师傅。小和尚顿时惊慌失措,张口结舌,只得站在原地,等待师傅的责备和处罚。出乎小和尚意料的是,师傅并没有厉声责备他,只是以很平静的语调说:"夜深天凉,快去多穿一件衣服"。

这是一次宽容和安静的教育。老禅师在整个过程中展现的是一个"静"字:"静静"地走,"平静"地说……平静中透着作为教育者的耐心、从容和对犯错误的小和尚的宽容,这种表面波澜不惊、如深水般的平静,却蕴含着"教育的力量",我们可以想象,它将在小和尚的内心世界里掀起何种波澜,促发他产生什么样的改变……

宽容性的宽大,不只是意识和态度,更是能力和习惯,只有形成了习惯的包容,才是真正的包容。推而广之,这种习惯,我们可以称之为"文化",也就是人的日常生活方式。蔡元培对北京大学的贡献,乃至对于中国教育的贡献,就在于创造了一种"兼容并包"的文化,把它变成了北大的文化传统和北大人的生活方式。"沙滩红楼时期"的北京大学,教师和学生都有表达不同声音和意见的习惯。有一次胡适在课堂上讲哲学,有一个学生站起来提出质疑并表达自己的观点,语气激烈,而且只顾表达自己的观点,似乎不愿给胡适辩驳的机会。素来宽容仁厚的胡适也有些招架不住,勉强找个学生说话停顿的间歇,以近乎请求的口气说:"能让我把话说完吗?"其他学生表态表示支持,应该允许胡老师把话讲完,那个质疑的学生只好坐下来,听胡适继续发表自己的观点。

宽大的教育,要让宽大的心胸变为现实,必须有宽大的制度作为载体。当年的北大有极其宽容的听课、选课制度,没有正式注册的学生可以任意选修旁听教授的课程,正式生可以上课,也可以在图书馆自学,结果有时出现某教授的课堂里,旁听生占了大多数。教授也并不介意,视为正常自然之事。甚至有北大教授提出,教室设计不能只有前门,还得有后门。这样上课、作讲座和报告时,方便不爱听选择放弃的学生出入,以免从前门出去造成不良影响。宽大制度的目的,就是为学生留出宽大的发展平台和空间,让学生有更多自由选择的机会,使每个学生天性有更广大的驰骋空间。

宽大的教育,还需要有眼界的宽大。无论是教育的目的,教育的内容还是教育的技术方法,都以宏阔的世界为背景来设计和考虑,对世界各国的教育传统和当代前沿走向,有大致的了解和把握。有如此眼界的教育者,不会轻易把自己的教育当作世界上唯一的教育或最好的教育,不会产生"傲慢的无知"和"无知的傲慢",更不会"无知者无畏"。

宽大教育的极致是"无为而无不为"的教育。据说,当年的尧,做了多年的"皇帝"之后,很想了解别人对自己工作的评价。问家人,家人茫然没有头绪;问大臣,大臣支支吾吾不知所云。尧非常奇怪,只好走入民间,微服私访,发现老百姓平时很少提到他,仿佛他这个"皇帝"不存在一样,但各自安居乐业,过着轻松自在的生活。尧于是释然,看来自己的"皇帝"工作做到家了。

以道家的标准来看天下的教育,有三重境界:第一重境界,学生服从教师的管教,但背后多有抱怨,极端者又怕又恨,恨得咬牙切齿;第二重境界,学生尊敬教师,但时刻感受到老师的存在,即使老师不在身边,仿佛也有一双看不见的眼睛在旁边凝视;第三重境界,学生感受不到教师的存在,各人做好自己的事情,达到了生命自觉的状态。此时,学生感觉到教师是多余的,教师也有同感。

宽大并不意味着随意、粗疏和草率;相反,宽大之中始终有审慎的态度相伴相随。审慎的教育,是将研究的意识、态度和方式渗透于教育的全过程。它力求通过研究,整体而又细致地把握学生的实际状态,慎重选择适合学生现有状态的教育内容,确定恰如其分的教育目标和有针对性的教育方法,他不会因为这一"教育理念"、那一"教育模式"是某个洋人、名人或者正在流行的时尚,就轻易盲从;他总是秉持"适合的就是最好的"标准,冷静地辨别,精心地选择,有步骤地实践,经常性地反思。

在宽大中审慎的教育,就是"致广大而尽精微"的好教育。

温暖的教育,是有仁爱之心的教育,是充满了温情因而温暖人心的教育。作为新儒学代表人物之一的唐君毅曾经说,世上有两种品质难以在一个人身上兼得,即聪明和温情。有的人很聪明,也很敏锐,但容易对人尖酸刻薄,斤斤计较;有的人很有温柔敦厚之风,能够包容,但又往往不够聪明睿智。如果一个人,能够兼容敏锐的聪明和宽厚的温情,方能成大气。好的教育何尝不是如此?它必定是自由宽容和精细策划的融合。

宽大、审慎和温暖的教育,是润泽生命的教育。润泽的结果,就是将教育的力量、温暖和智慧,浸润学生的身心,使其绵延终生。这样的教育就不只是在家庭的教育,也不只是在学校的教育,不是局限于一时一地有固定期限的教育,而是贯穿一生的教育。这意味着:

离开家庭后,他所受的教育不会停止;离开学校之后,教育也不会终止。

教育过程常识:懂教育过程,才是懂教育

18. 教育过程知识,是最核心的教育知识

谁是懂教育的人?

这是一个奇怪的问题,但却是一个真实的问题。

世界上存在很多自诩懂教育的人,也有许多嘲笑别人不懂教育的人。

当教育出现问题的时候,就是"懂教育的人"最多的时候,各种批评、建议的声浪汇成喧闹的海洋,使人不由产生"人人都懂教育"的错觉。

我们有必要弄明白什么才是真正的"懂教育"。尽可能区分出"真假唐僧",这对于社会的和谐稳定,是有益处的。

关于这个问题,可能有这样一些常识性答案:

做教育工作的人,就是懂教育的人。他们有丰富的经验、充足的底气,因而有足够的资格表明自己"懂教育"。

研究教育,以思考教育为业的人,他们是有关教育的职业思考者,比如,像我这样的教育学博士,接受过有关教育研究的专业训练,属于"科班出身",典型的专业研究者,很容易被冠以"教育专家"的帽子。

懂得很多教育知识的人,包括懂得教育历史知识的人,就是懂教育的人。"历史使人明智",这是培根说的名言,因而被视为常识。

这样的"常识"是经不住追问的。

做过或正在做教育工作的人,是有直接教育经验的人,直接经验比间接经验更能够使人理解教育的真谛,前者有助于使人站在教育的里面说话,后者往往只能让人站

在外面发言。尽管可以居高临下,但毕竟是在外面旁观,是通过书本看教育,书本上的教育和实际中的教育并不相同。在教育里面工作的人,有时瞧不起那些站在外面的只会"掉书袋"的人,也情有可原,谁叫人家是做教育而不只是看教育呢?然而,有教育经验只是"懂教育"的必要条件,不是充分必要条件。那些"非教育"的事情,例如,不把学生当目的,而是当手段和工具之类的教育事件,不少是多年"在里面"做教育的人做出来的,他们长年累月都在做这种事情。

研究教育的人,容易满足于做文献研究,习惯于从书本到书本的推演,习惯于写那些博士写给博士看、教授写给教授看、专家写给专家看的论著,不知不觉就会犯瞧不起实践者的毛病,以为理论必然高于实践,实践必须向理论靠拢,必须得到理论的提升和救赎。偶尔去几次中小学,也是去"下"学校,仿佛是一种对实践天降甘露般的"恩赐"。这种高高在上的心态使他们的思考和研究缺失现场感和实践感,长期远离真实的教育现实,会让他们的教育思想远离真实的教育。没有真实现实的理论,难免成为"真空中的真理"。

懂得教育知识的人,是最接近"懂教育"的人。但"教育知识"何其丰富:有关人的知识,教育目的的知识,课程教材等与教育内容有关的知识,教学的知识,以及教育历史的知识等。不是所有知识都具有同等的价值,总是存在一些最核心、最重要的知识。不同专业背景的人拥有不同取向,课程论研究者把课程知识视为最核心的知识,中小学教师把学科教学法的知识视为最核心的知识,都理所当然。

如果超越学科界限,在我看来,最核心的教育知识,应当是有关"教育过程"的知识,它涉及对这样一些问题的了解和看法:

真实的教育是怎么发生的?教师怎么备课,备什么?怎么上课?学生怎么在课堂上学习?学校如何组织教育教学?

针对不同的教育内容,教师怎么根据学生年龄特征,确定具体教学目标,采取对应的教学方法?

学生在教育中的生长过程是怎么样的?如果教育就是教师带领学生登山的过程,教育目标和下位的教学目标就是山顶,教师要带着学生登上山顶,不是可以一步登天的过程,他必须知道:要登顶,学生必须经历哪几个台阶?哪些步骤和环节?哪个台阶和步骤是不可绕过的?在每个台阶和步骤的推进过程中,学生可能会遭遇到哪一些只有这个台阶才可能会遭遇的特殊困难?教师需要给予其什么帮助,学生才可能顺利前行?

这就是有关教育过程的知识,它是真正"专业"的教育知识。

有关教育过程的知识,一定是教育力量影响下的生命生长中,有关"阶段"、"节点"、"困难"、"障碍"的知识。

专业生物学家、生理学家会清晰准确地告诉我们:动物、植物和人等的生长必定会经历哪些阶段,哪些阶段会长出什么,有何种阶段性标志,具备什么条件才可能会顺利从一个阶段进入到另一个阶段,什么因素会影响这些阶段性的迈进?

如果他无法提供这些知识,难以称之为合格的生物学家和生理学家。

一个真正懂教育的人,他同样会清楚告知:当一个幼童接受教育之后,将会经历哪些发展阶段?不同阶段的孩子有什么样的生长需要?需要什么样的教育?包括给予其什么教育目标(有关教育目的的知识),提供什么教育内容(有关课程教材的知识),采取什么教育方法(有关教学的知识)等。

他还会清晰指出:在此生长过程中,会有哪些至关重要的发展节点,错过了这些节点,就像错过了生理学意义上的关键期一样,错过教育的关键期,造成贻误一生的后果。

有关教育过程的知识,还包括在不同的发展阶段,在实现不同教育目标,学习不同教育内容和采用不同教育方法的过程中,学生会遭遇到何种困难和障碍,又该如何化解它们?

请看如下案例:

> 如何积累记叙文的知识结构、方法结构,并为学生进入初中学习小说做好渗透和衔接?在这个过程中,学生经过了四个阶段的成长。

第一阶段,学生对如何阅读写人文章、把握文章主题还没有形成相应的知识结构与方法结构,还没有养成与之相适应的语文学习习惯。高年级学生认识世界、感受世界的思想意识也处于需要主流价值的引领阶段。我们以名人文章的教学为切入点,在五年级时,对整册教材进行重组,将通过主要事迹介绍名人的一类文章归类教学。在这一阶段,学生通过学习名人文章,在心中逐步树起精神的丰碑。这一阶段,我们引导学生逐步学习了高年级自主阅读的步骤,并提供时空促进学生主动练习。

第二阶段,学生在阅读事迹型名人文章时,积累了一定的知识结构和方法结构,但是充斥在他们身边的阅读材料,绝大多数是普通人的故事。如何阅读没有轰轰烈烈的事迹型的故事,如何在真实具体的事件发展中把握人物特点?学生需要新的知识结构和方法结构。这一阶段,教师引导学生逐步形成课前批注和课中批注的习惯。学生尝试品评文章中抓住人物的细节表现人物特点的手法,并尝试在作文中运用。

第三阶段,学生进入了六年级上半学期,认识积累和知识积累更为丰富,在阅读写人文章的过程中,如何在具体情节的发展中整体把握人物特点,形成整体思维的能力,成为新的语文发展需要。与此同时,如何认识人物不同方面的不同特点,自己如何去叙述生活中的人物故事成为迫切的需要。这一阶段,学生在习作中能综合运用学过的表现人物的方法,并能进行习作鉴赏和交流。

第四阶段,学生进入六年级上学期结束阶段,学生在写作中表现出对丰富人物表现手法的需求,对新出现的小说这一文体的阅读没有建立相应的知识结构和方法结构。如何用小说的方式阅读和学习小说呢?在这一阶段,学生通过《船长》的学习,初步感受到小说与以前写人记事文章的不同,情节丰富了,表现人物特点手法多样了。(姜明红,2009)

如上内容阐述,说明执教者有清晰和丰富的阶段意识,以"记叙文知识"为载体,学生可能会经历哪些生长阶段,不同阶段的基础、需要、问题和相应的教学策略等,一目了然。更难得的还在于,教师在描述已有发展阶段的基础上,还提出了未来生长阶段,即第五阶段的设想:

> 第五阶段,在六年级下学期的阅读教学中,我们将进一步培养学生形成鉴别文体类型的能力,并尝试用不同的阅读策略进行自主阅读。同时,我们在引导学生品读小小说人物形象、体悟主题的同时,将引导学生围绕"作者是怎样塑造这个人物的"、"为什么要塑造这个人物"的探讨,帮助学生初步感受小说的鉴赏。(姜明红,2009)

这是一个真懂教育的人才能说出和写出的内容。这样的教育知识,是最具有综合性、整合性的知识,因而是最具有核心感的知识。它容纳了教育目的知识、课程教学知识等许多知识,而所有这些教育知识,只有围绕教育过程且进入教育过程,才有真实意义,否则就只能在教育外围打转。

这种教育知识,使我们想起皮亚杰、科尔伯格、埃里克森、奥苏伯尔的教育理论,他们分别从不同角度提出各自的儿童发展阶段理论,揭示了儿童发展的阶段性特征,作出了严谨细致的阶段性描述,这是他们对人类教育所做出的重大贡献。例如,科尔伯格发现,一切文化中儿童的道德发展都经历"三个水平"、"六个阶段"的固有顺序。如"前世俗水平",包括:第一阶段,惩罚与服从的道德定向阶段;第二阶段,相对的快乐主义的道德定向阶段。"世俗水平",则包括:第三阶段,人际间的协调或好孩子的道德定向阶段;第四阶段,遵从权威与维护社会秩序的道德定向阶段。还有"后世俗水平",包括:第五阶段,民主地承认法律的定向阶段;第六阶段,普遍伦理原则的道德定向阶段。埃里克森的"八阶段发展理论"则认为,随着社会文化环境的日趋复杂,个体发展每一阶段都有自己的发展任务和矛盾。随着社会节奏的加快以及社会环境的多维度融合和异位交错,个体与社会文化环境的互动处于复杂变化之中,个体发展的阶段性特征变得更为复杂多样。

虽然在不同文化背景和教育传统影响下的儿童发展阶段会有差异,而且随着人类自身发展,其阶段性特征也会发生变化,但这种过程性研究的思路却同样可以成为一种常识性思路。

"教育"既然是一个与所有人都有关系的事情,那么人人都可以谈论教育,表达自己的"教育观",并大体上形成了两种类型:

在外面看教育和谈教育;在里面想教育和做教育。

我们时常可以看到哲学家谈教育,文学家谈教育,社会学家谈教育,当然,还有科学家谈教育,他们集中围绕于"什么是好教育","当今教育出了什么问题","症结在哪里等"问题上谈论,也的确提出不少真知灼见,谈出专业做教育的人也不一定能够谈出的教育思想,并验证了"旁观者清"的道理。

但是,如果他们对教育的思考和言说,触及不到"教育过程",那么,还只是从外面看教育和谈教育,是"抽象的看教育",而不是"具体的谈教育",更不是"实际的做教育"。外面谈教育获得更多的是有关教育的"道理",而不是有关教育的"知识"。

我不否认在外面谈教育的价值,它们有助于我们更好地深入到里面谈教育,内外兼容、相互转化而来的教育知识,是最完美的教育知识。

做教育的人,也不一定拥有这样的教育常识,他们更多拥有的是有关教材的知识和与教学方法有关的知识。对于教育过程的知识,不是没有,但也可能只是抽象的知识,而不是可以具体言说和具体实践的知识,或者还处在一知半解、只言片语的简单初级阶段。

谁懂得了教育过程,谁就真正懂得了教育。

所有教育知识,最核心的知识是有关教育过程的知识,它们是最需要转化为常识的知识,也是最需要所有教育者掌握的教育常识。

19. 教育的过程是转化的过程

我不止一次遭遇过这样的尴尬。教学之前，就某个问题花了很多时间，查阅了大量资料，做了全方位思考，显然这是一次精心的备课，这使我胸有成竹。我信心满满走上讲台，"眉飞色舞"讲了半个多小时，却发现大部分学生目光呆滞，木木地看着我，我提出几个简单问题，也几乎没有人能够回答。

这是教师最常见的困惑，觉得自己已经讲得很清楚了，但学生还是不明白。在自己看来，再简单不过的知识和道理，在学生那里却是一片复杂的混沌。

这是一种教育中的无奈：自己的清楚并不能换来学生的清楚，自己的简单不能变为学生的简单。

这恰恰是教育的特点，它具有鲜明的转化印记。用叶澜的话来说：

> 把外在的知识、价值观念和规范等文化转化为个人的内在精神，是教育活动中最本质的转化。（叶澜，1999）

教育即转化，教育的过程就是转化的过程。

转化即转而化之，是在教师和学生间、学生和书本间、学生和学生间实现的不同生命个体间的生命能量转化。课本中的知识无非是那些过往人类生命能量的结晶。以"知识"这种教育内容的载体为例，它在教育中的转化表现为三个层面。

第一种层面的转化：把外显的知识转化为内在的知识。

人类已经创造的各种知识和经验，教师头脑中已经存有的知识和经验，在未经教学传授之前，是外在于学生生命的知识。教育的任务，就是把这些经过选择、提炼、凝结于课本中，储存在教师大脑中的知识，化进学生头脑中去，变为学生精神世界的一部分。

第二种层面的转化：把内在的知识转化为外显的行为。

知识从外部进入内部精神世界，如何才能够留存下，转化为属于自己的知识？只有自己能够清晰说出来或做出来的知识，可以转化为外显行为的知识，才是牢固的知识。这是一个从内到外的转化过程，也是将知识活化的过程，如果缺少这样的转化，进入学生内部的知识依然是死的知识。如同学外语一样，在课堂上学到的单词，如果既不能说出来也不能写出来，这样的语言知识是没有用处的知识，也很容易流逝。各种道德规范也是如此，如果一种道德要求（如关爱别人）不能转化为外显的行为习惯，就无法断定这一规范已经真正化进学生的精神世界中去。

第三种层面的转化：把潜在可能性转化为发展的现实性。

所谓"潜能"，就是潜在可能性。这是人之为人的特性，人是充满了无限可能性的动物，只是太多的"可能"处于被遮蔽的状态，潜藏于"人性的暗夜"之中。如果这些潜在可能性不能敞开和实现，变为现实可见的能力，只是"潜能"而已。潜能状态只是一种"理想状态"，还不是现实状态。

教育的任务，就是把潜藏于不同学生生命中的可能性，通过教育转化为现实可见的能力。换言之，就是把理想转化为现实。

教育者最基本的教育能力，是转化力。它要求教师不仅自己清楚，还要让学生能够清楚；不仅自己想明白，还要让学生一样想明白；自己有的知识和能力，还要让学生一样拥有。

教育力就是转化力。以此衡量教师，我们可以发现存在三种层次的教师：

第一层次的教师，有知识但没有转化的意识。

这类教师满足于积累自己的知识和能力,忙于向学生展现自己有何等渊博知识和高超能力,把课堂当做"秀自己"的舞台,变成自言自语、自我推销的舞台。

这样的教师,最适合的职业其实应是学问家、思想家和演说家。

第二层次的教师,有知识,也有转化的意识,但没有转化的能力。

这是值得同情的教师,他们不缺少作为教师必备的知识积累,也努力把自己和书本的知识变为学生的知识,但"有心无力",不知道如何转化。

第三层次的教师,既有知识、也有转化的能力,更有转化的习惯。

他具有对"孤芳自赏"的警惕,因为他深知课堂不是展现自我的舞台,而是师生彼此生命能量的转化平台,教师最重要的使命就是把书本中的知识,自己头脑中的知识变成学生的知识,这种转化不是偶尔为之的行为,而应当贯穿于全部教育过程。为此,他会养成基于转化的反思习惯。一堂课上完了,一段教育历程结束了,他的思考就会接踵而来:

我讲的内容学生接受了,化到他们的头脑中去了吗?哪些化进去了,哪些没有化进去?为什么?我该如何改进?

这注定是一个艰难的过程,转化是否成功,既取决于教师的"教",也取决于学生的"学":学生是否有转化的兴趣、热情和能力,同样会影响到转化的进程。

教育之难,难在转化;教育之苦,苦在转化。

20. 教育在表演和观看中展开

在已有"教育常识"的眼光中,"表演"是一种不可触碰的禁忌,是一种被质疑、否定的行为,有一种根深蒂固的"常识":表演就是作秀、作假。仅仅一个"演"字,就有了"作假"和"蒙骗"的意思。对某位老师在公开课上的表现最具有杀伤力的评价就是:"他在表演。"人们普遍认为教育教学不应当是一种表演。

如果把表演理解为"一种向他人投射某种信息,以使对方理解并相信此信息的内涵和价值的行为",表演其实是无所不在的。

从教育的起源开始,就与表演息息相关。

最早的教育是从家庭教育开始的,比如传授制造和使用弓箭的技巧,大致这样进行:父亲介绍具体方法并做展示,儿女在旁边倾听、观看并模仿操练。作为教导一方的父亲,就是表演者,也就是最早的教师;作为倾听一方的儿女就是观看者,他们是最早的学生。后来这种表演和观看的行为,逐渐从家庭挪到了"教室"等更加公共的场合。又如礼仪教育,教师表演某种礼仪规范,学生则用心观看模仿。真实教育过程就是这样在表演和观看中展开的。

如果用表演的眼光看教育,可以得出如下结论:

并非所有的教育行为都是一种表演,但是教育行为普遍具有表演性。

表演的场所是学校。学校是一种教育剧场,即"学校剧场":它是感悟生命、领悟生命生长的过程和场所,是生命生长、绽放和呈现的地方。在这个充满了生命生长气息的场所里,学生在表演和观看的互动中,通过语言和动作等动态结构,展现和生成着各种情感、性格、气质和能力。

以这样的表演眼光看学校,表演如同空气和水一样,普遍存在于教室、操场、会议室,存在于课堂上、升旗仪式、颁奖活动,存在于建筑内外的墙壁上的文字、图画、装饰,存在于学校中教师和学生的语言、表情和动作,以及人与人的关系上,它们共同构成了"学校剧场"中的表演环境。这样的表演环境集中体现在课堂教学过程中,体现在教师的教学行为中。

表演者和观众是教师和学生,他们在教育生活中经常互换演者和观者的角色。当教师传授知识、做示范,如朗诵时,教师就是表演者,学生就是观看者;当学生用学到的朗诵技巧展示给教师和同学的时候,学生就是表演者,教师则成为观看者。

作为表演者的教师,在此过程中是关键的。他将课程呈现于课堂上之时,不是一个录音机,只会机械地播放课程内容,而要借助手势、头颅的晃动、面部表情的变化等动作来呈现。教师的教学行为必然是动作性的和表演性的,在表演性的行为中完成对课程的呈现。在这个意义上,教师的教学能力就是表演能力。所谓"转化能力",就是通过表演将课程内容转化到学生这些观看者内心中的能力。

具有强大表演能力的教师,常常通过制造悬念、设计动作、设置情境等方法来实现教学转化。例如,教学中悬念的设置,就是要激发学生对教师行为的期待,然后满足他们的期待,再激发新的期待,如此环环相扣,使学生的视觉和听觉紧紧追踪着教师的表演性行为。同时,设置悬念就是使教学表演充满神秘感,而神秘感是学生成长的源泉。再如,动作是表演的灵魂,它承载了丰富的意义,动作推动着教学表演的整个过程。它无时不在、无处不在,行为是动作,对话是动作,进行是动作,停顿也是动作。

表演的目的和结果,就是有意识地影响人的生命生长与发展,这就是教育的目的。

表演的内容就是以"课程"、"教材"为载体的教育内容。

表演的方式、方法,就是教学方式和教学方法。

依据如上判断,可以就教育领域和教育过程中的"表演"内涵,再加以进一步的界定:

当一个人凭借其在学校中承担的某种角色,在以课堂教学为核心的教育生活中,向他人投射某些信息,试图以此来有意识地影响他人,使他人发生某种期望的确认和转变,或者使投射者自身发生转变,这种行为就是表演。其根本特点是:该行为的动机、目的、手段和结果都可以归纳为"促进人的生长与发展"。

在教育过程中,教与学的所有行为只有置于"表演者"和"观看者"的互动关系中,才能获得意义。所谓"教育即对话",就是表演者之间、观看者之间、表演者与观看者之间的对话,通过这种关系视角,我们就能更深入地理解教学的含义,和"教学即互动"的意义。教学是既离不开"演",也离不开"看",更离不开"演—看"互动的教学。

表演与观看的互动过程,恰恰展现了教育过程的不确定性:永远充满了各种意外、惊喜、震惊,作为演员的教师永远不知道自己的表演会给观众带来什么样的教育影响,作为观众的学生也时常在期待着、想象着那未可预知的教育表演,这一切都让人兴致盎然。

当人的生长被视为在表演和观看中的生长,教育的过程被视为是表演和观看的过程,就对日常教育教学过程提出了两个直接要求:

第一个要求,充分挖掘表演的教育价值。

既然人在表演和观看中生长,这意味着"表演"对于人的生长有着不可替代的价值。安排什么样的表演内容,确定何种表演形式,如何在表演和观看中培养和提升学生的综合素养等,成为教师在教学设计中必须考虑的问题。

以语文课为例。汉语语言知识,如词语知识,是中国语文教学的基本内容之一。但有些词语难以用语言表达出来,有时甚至出现"以词解词"的现象,越解释越模糊。这时不妨用表演来诠释。

例如,在《真想变成大大的荷叶》一文中,对"穿梭"、"花丛"两词的理解可设计为:

师:小朋友,我们需要多少小朋友来演花丛?该怎么演?

生:几个小朋友围成一圈,并半蹲着。

师：一些花围在一起，这就叫一丛丛的花，称为花丛。谁能扮演蝴蝶在花丛中穿梭？

（学生在花丛四周转着，并翩翩起舞。）

师：小朋友们，刚才小蝴蝶的动作在文中叫什么？

生：穿梭。

这样直观、形象的演示，两词意思已深深地印在学生的脑中，无需教师用繁琐的语言表达。

"句子"也是如此。有些句子，尤其是文中角色的语言和动作等描写，学生如果只是一味地阅读体悟，可能会丢失童话教学的趣味。这时我们往往会借助表演这一手段来促进学生的感悟。

在《北风和小鱼》一文中对北风的狂妄自大的体悟课设计为：

出示：北风得意地说："哈哈，大家都怕我。"

师：小朋友，谁会学着北风的样子来说说这句话？

生：绘声绘色地读这句话。

师：你觉得北风说这句话时会是什么样的？

生：北风可能会拍一下胸脯对自己翘着大拇指说这句话。

师：你帮北风设计了动作。

生：北风也许会仰起头笑着说。

师：你想象出了北风的表情。小朋友，练一练用上动作、带上表情再读读这句话。

在如此丰满生动的表演中，那"不可一世的北风"在学生头脑中打下深深的烙印。更高一层次的表演，将从词语和句子进入到对话之中，是更具有综合性、更有挑战性的表演。例如,在童话类课文中,往往会出现两个或几个主人公,他们之间对话是情节发展的主要线索,以往教学中对此类内容的表演形式,主要采用分角色朗读,再加上一段旁白,这样操作导致表演干巴巴的,学生不能投入文本,有教师尝试把提示语去掉,把文本语言转化为人物的语言或动作展开。

如在《小鹰学飞》的教学过程中,有教师做了这样的尝试:

师:根据课文提供的内容,把小鹰飞到的地方,此时的心情和老鹰的说法等通过自己的语言说出来,看看哪组最厉害。

生:自由练习。

师:巡回指导。

(上台表演:师根据角色的不同,给她们带上头饰。提出其他观看同学看的要求:她们表演的语言中除了以上两句话外,还加了哪些自己的语言,加的语言在书中有吗?)

生甲(扮演小鹰):我飞到大树上了,我已经会飞啦!

生乙(扮演老鹰):你飞到了大树的上面,还不算会飞。

生:(评价)小鹰把书上小鹰已经飞到了大树的上面,用自己的话告诉了鹰妈妈。

生:(评价)我觉得小鹰和老鹰都把书上的对话用自己的话说出来了,很了不起。

生:(评价)我觉得小鹰当时高兴地喊起来,还不是很高兴,声音还可以再响亮些。

生:(评价)我认为小鹰还可以加上动作,脸上带着高兴的表情来说。

师:根据大家提出的意见,看看第二组的同学是不是就能改正了,加上动作、表情再来表演一次。

生丙(扮演小鹰):我飞到大树上面了,我已经会飞啦!

生丁（扮演老鹰摇摇头）：你飞到了大树的上面，还不算会飞。

师：注意，老鹰说的是"只比大树飞得高，还不算会飞"。刚才扮演老鹰的同学说的是"飞到了大树的上面，还不算会飞。"老鹰的话强调飞得只比大树高，其实老鹰的话中还有很深的道理的，你听出来了吗？

生：好像老鹰是说，小鹰飞得还很矮。

生：我补充，小鹰飞得还很不高，还有能力往上飞的。

师：小鹰此时的想法跟你们一样，能把小鹰听了老鹰的话后的想法和前面的内容连起来表演，说明你有表演的天赋，最好能加上个称呼就更好了。

生戊（扮演小鹰）：妈妈，我飞到大树的上面了，我已经会飞啦！

生己（扮演老鹰摇摇头）：孩子，飞得只比大树高，还不算会飞。

生戊（扮演小鹰）：妈妈，我还能往上飞，我还可以飞得再高些的。

无论是哪种内容和形式的表演，都有助于学生将词语、句子和对话内化，可见，表演是一种很好的教育转化方式。

第二个要求，把表演的权利还给学生。

所谓"教师中心"、"一言堂"、"灌输式教学"，共同之处都在于教师垄断了表演的权利，占据了绝大多数表演的时间和空间。另一种情形是，学生也有表演的机会，但却集中在少数"明星学生"身上，大部分学生成为"沉默的看客"。教师要充分利用和挖掘表演的教育价值，就必须把表演的权利还给学生，让更多的学生有表演的机会。

教育内容常识：创造性选择、解读和活化

21. 教育内容要生活化

每个人都有各自的教育史,有长有短,有欢乐有痛苦,但无一例外都是生命生长过程中的经历和财富。

我接受的学校教育,从小学到博士,有16年的历程。在这不能算短的"教育时间"里,老师们先后给我传授了大量的"教育内容",它们以"课程"、"教材"、"教科书"、"课本"、"课外练习册"、"课外阅读手册"等多种方式,在不同阶段与我的生命结缘。

现在看来,当年那些丰富厚重的"教育内容",还沉淀在心里的,着实不多了。果然如怀特海和爱因斯坦所言,忘记了课堂上的一切,剩下的才是教育。

那些没有剩下的,就不是"教育"吗?就没有"价值"吗?

不能下如此轻率的结论。在"我"这里没有剩下的,很可能在别人那里剩下了。每个人不同的"剩下",造就了每个人的独特。

在我对"剩下的教育"心怀感恩之时,不免为那些没有剩下的教育而忐忑不已,它们同样凝结了无数人心血的"精神食粮",却被我弃置于虚无之中,这样的"教育浪费"未尝不是一种罪过。

尚需深究的是:为什么同样是人类创造的精神财富和生命能量,有的很快消失得没有踪影,有的却顽强地经过岁月的淘洗剩了下来?

除了学习者自身的原因,如努力程度、成年后所从事的职业之外,一个重要的原因在于:教育内容有没有跟学习者的生活联系起来。是外在于学生生活,还是内在于学生生活?

教育内容常识:创造性选择、解读和活化

回顾我的学习经历,能够留存于生命中的知识和学问,大抵是两类:我有兴趣和我正在运用的;它们其实可以归结为一类:都属于我的生活需要。

人类所有创造,都与"需要"这一原点有关。

个体生命的诸多选择,也与"需要"这一源头相关。

我为什么喜欢哲学这门看起来抽象晦涩、大而不当的学问?因为它能够帮助我思考和解决一些困惑多年问题:

人从哪里来,到哪里去?人为什么活着?人的生命到底有什么价值?

这些问题无一例外牵连到我个人的生长史和生活经验。

在我上幼儿园的时候,一天放学自己回家,走到一条狭窄的林荫道上,周遭一片寂静,树荫和黄昏时分的薄暮将我包裹,我在缓缓前行中,偶尔抬头望天,突然从头脑中冒出一个奇怪的问题:老师说,人都会死的,那么,我死了以后还会是我吗?我还叫"李政涛"这个名字吗?

那一瞬间,我似乎有一种灵魂出窍的感觉,仿佛它已飘在高空中,俯视着那个正在林荫道上行走的幼小的身体……

上小学时,每天早晨总要经过一处平房,门口有一位老人家坐在椅子上,目光茫然地看着外面游动的人影。下午放学后发现,他还坐在那里,只是头低垂着,双目闭合,口水在嘴角缓慢流淌,此时阳光正在缓缓西沉,凉意弥漫……

我内心悸动不已:他为什么从早坐到晚?为什么不去做事呢?这样活着有什么意义呢?别人为什么不管管他呢?他自己怎么就没有想到呢?

这些在大人看来都孩童式的幼稚问题,但在我这里却是真实的人生问题。哲学(尤其是生命哲学)回答了我对生命的探问,满足了我探究人生的渴望。

带着类似的缘由,我与文学也建立了不可分割的关系,虽然早已不再是当年的"文学青年",但对文学的热爱依然深藏心底。那些优秀的文学作品,大多是"从世俗中来,到灵魂里去",它们满足了我洞察世界和人生的需要,带给我精神上的愉悦和满足,我曾经在初中阶段的暑假,在那个昏暗的小屋,没日没夜地读小说,原因很简单,文学是

我的生活需要。这一切都归功于我的第一位小学语文老师,她完成了对我的文学启蒙,并且成功地把文学留在我的心底,实现了文学在我内心世界中的"剩下"。

一个名叫凡·高的画家的书信集,一直陪伴着我。当年,在我人生最黑暗、最孤寂、最无助的时候,它给予我无限的温暖。凡·高被称为世上"最孤独的人"之一。他一生大部分的日子孑然独处,几乎找不到一个人能作为他的朋友、对他发生兴趣、理解他想说或想做的一切,好在有他的胞弟提奥。于是,每天晚上,长达14至16小时的绘画结束后,凡·高便把画笔变成了墨水笔,向提奥倾吐心声:

我内心有大自然,有艺术,有诗情。倘若据此而不知足,怎样才能知足呢?(凡·高,1991)

这仿佛是凡·高对自己的低语和安慰,也安慰了当时处在困顿中的我。

当我们在干一件困难的工作,为追求美好的东西而战斗时,我们就是在为正义作战,其直接的报偿就是我们与许多邪恶分手了。我们在生活中前进,生活也会变得越来越困难。但是,在与困难作斗争中,内心深处的力量也得到了发挥。(凡·高,1991)

能够在艰难困苦中说出此番话的人,都是内心充满了力量的人。读到此段,凡·高的力量似乎转化为我的力量,我陡然觉得阳光从窗外透射进来,照入心底。正是这样的书,契合了"我"这个人的生活需要。我相信,它属于永远剩下在我心底的"知识"。

只有满足了学生生活需要,唤醒了学生生活经验的教育内容,才更有可能留存心底,发挥教育的力量。

在德国教育人类学家博尔诺夫看来,生命生长中的挑战和危机无处不在,教育的使命,就是帮助学生应对重重挑战和危机,促其走出危机,迎接新生活。能够有此功用的教育,就是最有价值的教育,它与学生的日常生活水乳交融。

要让更多教育内容在学生的世界中"剩下",最基本的原则就是让书本世界与生活世界沟通,让喜欢躲在象牙塔内的书本知识走出来,走进学生的现实生活之中。

很多人的成长经历表明,现实生活是最好的教育内容。

我最欣赏的中国作家沈从文就是典型的代表。他写过一篇名为《从现实学习》的散文,回忆了自己的"教育历程":

> 我第一次听到"现实"两个字,距如今已二十五年。我原是个不折不扣的乡巴佬,辗转于川黔湘鄂二十八县一片土地上。耳目经验所及,属于人事一方面,好和坏都若离奇不经。这份教育对于一个生于现代城市中的年青人,实在太荒唐了。可是若把它和目下还存在于中国许多事情对照对照,便又会觉得极平常了。当时正因为所看到的好的农村种种逐渐崩毁,只是大小武力割据统治作成的最愚蠢的争夺打杀,对于一个年青人教育意义是现实,一种混合愚蠢与堕落的现实,流注浸润……(沈从文,2002)

沈从文只念过小学,但他"所受的教育"没有停止在小学,教育场所从学校延伸到广阔的现实生活。如果书本只是"有字之书",生活世界则是一本"无字之书",而且是一本宽阔无边的大书,它是沈从文用心学习的教育内容:

> 怎样向新的现实学习?先是在一个小公寓湿霉霉的房间,零下十二度的寒气中,学习不用火炉过冬的耐寒力。再其次是三天两天不吃东西,学习空空洞洞腹中的耐饥力。再其次是从饥寒交迫无望无助状况中,学习进图书馆自行摸索的阅读力。再其次是起始用一支笔,无日无夜写下去,把所有作品寄给各报章杂志,在毫无结果等待中,学习对于工作失败的抵抗力与适应力。(沈从文,2002)

这种从现实中学习而来的能力，对沈从文有延续一生的影响，从前期的文学创作开始，一直延伸到艰难困顿时期的文物研究之中。

陶行知说：

> 要养成儿童之自我教育精神，除跟教师学外，还跟伙伴学，跟民众学，走向图书馆去学，走向社会与自然界去学。（陶行知，1981）

这是一种基于现实的社会生活的"宽大的教育"，无论经历多少年的学校教育，学生总会面对现实的社会生活，如果学校教育内容能够尽早与学生已经经历和即将面对的日常生活联系起来，会产生更大的教育功效。这种教育提出的具体要求是：

> 我们要解放小孩子的空间让他们去接触大自然中的花草、树木、青山、绿水、日月、星辰以及大社会中之士、农、工、商等三教九流，自由地对宇宙发问，与万物为友，并且向中外古今三百六十行学习。（陶行知，1981）

这是对教材编选者和教师的要求，也是教师对学生的要求。杜威主张，最好的一种教育，就是让学生牢牢记住学校教材和实际经验二者相互联系的必要性，使学生养成一种态度，习惯于寻找这两方面的接触点和相互关系。

未经生活化的教材，不能走进学生日常生活、唤醒学生已有生活经验、满足学生生活需求的教育内容，无论是课程、教材还是教科书等，都难以发挥其应有的教育价值。

这是学生立场在教育内容选择中的具体体现，它的基本要求是：

教材必须学生化、生活化。

它预示着一个重大转变：

过去，书本是学生的全部世界；如今，全部生活世界是学生的书本。

教育内容常识：创造性选择、解读和活化

22. 活化教育内容的方式是运用

教育内容的选择和运用，来源于一个根基性的问题：

"什么知识最有价值？"

这是一个在不同时代被不断追问的问题。

英国哲学家斯宾赛的回答在众多答案中脱颖而出：

"科学的知识，才是最有价值的知识。"

这是以"科学"眼光作出的判断。尽管争论不断，但科学知识至少是最有价值的知识"之一"，是可以肯定的。

若依据"教育的眼光"来衡量某种"知识"的价值高低，提问方式则变为：

"什么知识最有利于儿童的生长和发展？"

这意味着，并不是所有的"科学知识"都是有教育价值的知识。

只有那些能够促进儿童健康、主动生长的科学知识，才是最有价值的知识。

对教师而言，只明白这个抽象的道理是远远不够的，我们更为关心的是：

怎样才能发挥知识的教育价值，让它真正变为具有生长力量和教育力量的知识？

如果我们认同"教育即转化"、"教学即转化"，那么，"能否转化"就可以成为我们判断知识是否具有教育价值的基本立场：

最有价值的知识，是能够转化到学生那里去的知识。

最有价值的教育内容，是可以被转化为学生精神世界的教育内容。

知识价值的实现，以"转化是否发生"作为标志。

知识价值产生的起点和终点,都在于"转化",教育眼光中的有价值的知识,是为"转化"而来的知识,是以"转化"为归宿和结果的知识。

什么样的教育内容,才是最容易转化到学生那里去的教育内容?

在我看来,是那些能够被活化的教育内容。

经过不断的积淀、筛选、过滤和加工,沉寂在课程、教材、教科书和文字符号中的教育内容,处于沉寂状态,等待着教师通过教育教学激活。未被教学激活的知识,只是"知识化石",虽然可能是完美的知识,但只能是供人观赏的"化石"或者"木乃伊"而已。

要激活知识的"化石",让"木乃伊"归来,最基本的方式就是将其在运用中活化。

有一年,李镇西做班主任的班上,有几个男生齐整整地跑到办公室,向他提议成立"足球队",人人一副跃跃欲试的神情。这是几个平时有些调皮捣蛋,不爱读书,也不喜欢写作文的学生。这的确也是一个不错的想法,李镇西本来想答应,但话到嘴边又咽了回去,从嘴里冒出的是另一番话:"这样吧,你们去写一份申请报告,让我看看,你们的理由是不是充分,能不能打动我。"

学生们面面相觑,又无可奈何,只好答应尽快提交。

几天后,李镇西收到了这份申请报告,可以想象,里面的语句如何不通,错别字又如何乱飞,但显然,写报告的人是用了心思的。李镇西给他们的回复是:

"你们的理由说明不能打动我,而且错误太多,我看不明白,回去重写!"

几个学生凑到一起,反复斟酌修改,绞尽脑汁:怎么才能把我们的理由表达充分,怎么才能打动挑剔的李老师?他们开始动手翻书找书了,把能找到的优秀范文都看了个遍。

当第二份报告交给李镇西后,面对这份已经变得清晰、准确和生动的报告,李镇西还是没有松口,提出了第二个要求:"明天班会课上,请向全班同学宣讲你们的申请报告,看看你们的理由能不能打动大家,最后由同学投票决定。"

这几个学生的精神立刻进入了备战状态,连夜讨论修改……这次让他们抓耳挠腮的问题是:怎么才能写出一份能够打动同学的申请报告?

这是一次成功的教育。成功在于李镇西为学生创造了一次运用作文知识的机会,引发了学生对知识运用的需要,从而"活化"了原先处在僵死沉寂状态的知识,此时的学生才真切体会到"书到用时方恨少"这一朴素的真理。颜元说:

心中醒,口中说,纸上作,不从身上习过,皆无用也。(颜元《弃学编》,卷二)

这些学生在达成成立足球队的愿望的同时,他们心中旧有和新有的"语文知识"都完成了一次在自身上的"习过",并从此扎下根来。

"习过"就是"活过",就是运用过。赫尔巴特曾说:

教师的工作应主要是要想方设法唤起各种各样的力量,用推动思考力的方法,用赋予思考力以活跃、敏捷、持续和多样性想象的方法,来充实外部世界的创造性作用。(赫尔巴特,2002)

运用是赋予思考力以活跃、敏捷、持续和多样性想象的最基本的方式。

20世纪30年代,语文教育家黎锦熙在《新著国语教学法》第一章"国语教学之目的"中,劈头就说:

先问:语言文字有什么用处?单就文字讲来。杜威说语言的用处:(一)表情达意;(二)是人类共同生活的唯一媒介物。他产生文字之先,文字就是帮助他能"行远"而"持久"的。(黎锦熙,1996)

这个放在开头的追问表明,"用处"是语文教学的开端。一种教育内容只有让学生体会到"用处",才会对学生有行远而持久的帮助。

黎锦熙将"国语"的教学内容和教学方法分为三等。

第一等,以读本为主体的。照现成的国语教科书,按课、分时、依法教学,是最普通的办法,可是要列为下等。这就是流行已久的教死书、死教书的下等教学。

第二等,从实际事物(或标本、图画、故事画等)的观察认识入手,使儿童确实了解那事物的内容,然后学习那表示内容的声音(语言)和符号(文字)。读法、活法、写法、作法,随意运用,有时一气贯注。读本不过拿来作一种重要的教具,不看作教学的主体。这是把读本中所依据的实际事物直接用作教材。引起儿童真切的想象。读本是用作整理儿童的经验,指导儿童的发表,准备儿童的创作之一种工具。以实际事物为主体,以书本为辅助品——借助直观的材料,使材料与学生的经验发生联系,各种教法随意运用,练习他们的观察、想象和创作的能力。这种教材和教学法,可称中等。

第三等,随时随地利用儿童生活中的种种事实,联系他们的种种经验和环境,作一种普遍而流动的教材;按着他们身心发展的过程,施一种辅导自动、共同创作的教学法。不但读法、话法、写法、作法要打成一片,就是国语和其他科目也要打成一片。读本乃是教师和儿童们的共同作品。

为充分说明他的观点,他以一个偶发事件(一个学生捉了一只麻雀)为例,呈现了一个教育内容和方法在运用中选择生成的经典案例。

一个学生捉了一只麻雀。

教师问:"怎么处置呢?"

他们讨论的结果是把麻雀关在笼子里喂养着,并用小竹笼子挂在壁上。

挂好了,师生讨论:

"人家不知道里边藏了雀儿又怎样?"

"还是要写个纸条儿贴在壁上。"

"这纸条儿怎样写法?"(语文知识)

学生们口头都拟了几句话,讨论后教师选择了一句最好的。

学生手写,朗读,教师随机指导生字、注音、字义、笔顺等。

到了下午,学生可以讲一讲麻雀的生活(自然知识),还可以做一做"鹰捕雀"的游戏(体育知识)。

到了第二日,麻雀死了。

教师和学生讨论麻雀死亡的原因。

教师解释了"生物要在空气中生存"的道理(自然知识),并且提议:"这死麻雀应该怎样处置呢?"

有的主张"扔在院子里";

有的主张"给猫吃";

有的主张"埋在土里"。

教师加入讨论：

"扔在院子里,腐烂了,有种种害处。"(和卫生有关的社会知识)

"它在篓子里憋死了,很可怜的,应该埋了它。"(和仁爱有关的社会知识)

先替它做一个棺材,分组工作。(合作学习)

(甲组)计算要多长？多宽？多高？(算术知识)

(乙组)绘出一个图样。(图画知识)

(丙组)切纸,糊接。(手工艺术知识)

准备埋雀时,教师问:

"大家看,什么地方好？"

"这里要种植。"

"那边是水道。"

"大路旁边有碍交通。"

结果,找着土山坡里一个幽僻的所在。(地理常识)

教师提议:

"崔坟没有标志,恐怕不能长久的存在。"

讨论结果:立碑

先制"碑文",国语。(作法,读法)

次用木板造碑。(算术、艺术知识)

次书写。(国语,习字)

授课和工作联成了一气,知识与行动打成了一片。

在黎锦熙看来,这就是"教育内容"和"教材内容"的上品:

取这样的教材,照这样的教学,可使儿童的经验一天一天地深入而扩张;他们的环境,把经验做基础,也就一天一天地新鲜而恢廓。他们的精神、思想、声音(语言)、符号(文字)自由自动地在里边运用着;受了教师的辅导,经过共同的整饰,便成了他们的"文学",这就是"读本",这就是"国语科"。——此为上品。

这是一种具有整体感的教育内容的设计,它打破了教育内容设计中常见的人为藩篱、僵化思维和各种陈规陋习的束缚,不同内容之间阡陌交织、四通八达、来去自由、殊途同归,各种内容,听、说、读、写、教学、读法、话法,你中有我,我中有你,水乳交融。

这种教法也是上品的教法,它不局限于一种方法、一种内容,读法、话法、写法和做法要打成一片,就是国语和其他科目也要打成一片。

这种教法不受书本文字所限,力求按照学生求知的心理,自然的需要,自然地生发、生成开去,循序渐进地引导和拓展,并贯注于学科知识在现实生活中的实际应用。

有人因此感叹:

我们要让年轻的老师们知道:这个世界上曾有过一种教学上品——"设计教学法",是那么的生机勃勃、率性、好玩、幼稚、尽兴、充满"孩子气",能唤起学生的

> 灵感和表现欲,给师生的学习、创造带来无穷的乐趣……

这是运用和活化给学生带来的乐趣。它提示我们,在运用中活化教育内容有四个关键点:

第一,教育内容必须生活化。教育内容的最终源泉来自于日常生活,尤其是儿童生活。一切儿童生活中的材料,都可能成为教育内容。教师随时随地利用儿童生活中的种种事实,联系他们的种种经验和环境,形成一种普遍而流动的教材。教育内容还必须回到儿童生活之中,让儿童在生活中体验教育内容的价值。

第二,教育内容必须是在教学过程中师生共同创造的作品,而不只是教材编写者的作品。黎锦熙的"麻雀"一例即是典型。

第三,教育内容的学习必须运用学生已有的知识和体验。杜威说:

> 比较聪明的教师注意系统地引导学生利用过去的功课来帮助理解目前的功课,并利用目前的功课加深理解已经获得的知识。(杜威,1990)

已有知识和体验就相当于一块吸铁石,教学需要依靠它帮助学生牢牢吸附新的内容。这块吸铁石被激发得越有活力,吸力越充分,新知识的习得就越牢固。在陶行知看来,已有的知识和经验就是一个人的根:

> 我们要有自己的经验做根,以这经验所发生的知识做枝,然后别人的知识方才可以接上去。别人的知识方才成为我们知识的一个有机体部分。(陶行知,1981)

第四,教育内容必须能够转化为学生自己的表达需要和表达实践。使教师为了学生能够表达而教,使学生为了能够自我表达而学。

从小学开始,我经历了长达十余年的外语学习过程,但始终效果不佳。直到后来学德语,才悟出一条常识性的道理:学了不用,等于没学。所谓"用",就是用学过的语言进行日常表达。当我的衣食住行,以及与他人的日常交流,都能时时处处想到用学过的德语单词、语句和时态来表达之时,书本上的德语就变成了我的德语,变成真正属于我的知识。

让教育内容通过运用活化,无非是让学生获得"真学问",如同黄炎培所言:

真实学问不在书本上,而在事事物物上,故称求学为读书,实为错误。书本上的,是间接的知识;眼前事事物物,才是直接的知识。而且知识只是人生处世需要的一部分,还有一部分技能,决非读书所能得到。单靠读书,欲求得实用的知识和技能,有人说,只等于陆地上学泅水,是万万学不成的。故欲得真实学问,必须在书本以外,就各人环境的接触,或生活的需求,用种种方法,研究最适当的处理方法,这就是真实学问。(黄炎培,1985)

23. 解读教材的三种眼光

与解读学生一样,解读教材也是教师的基本功。

这两大基本功都要求打破教师对教参的依赖,明确"教参姓参不姓我"、"我的教学我做主"的观念。

如果平时的读书是一种消遣、娱乐或者学习,对教材的阅读则是一种严谨的"工作"。它需要有三种眼光或立场。

所谓"眼光",从何而来?不妨打个比方,从"眼镜"而来。

有一年,美国著名教育学者阿普尔应邀到华东师大作报告,这位精神矍铄的老头上台之后,没有急于张口说话,而是把鼻梁上的眼镜摘下来,向全场展示,我起先有些迷惑不解:难道是要展示这是美国造的眼镜,跟中国眼镜有何不同?后来才领悟,他其实是在讲一个常识性的道理:每个人都是戴着各自的眼镜看世界、看人生、看教育的。他的报告讲得无非是他的眼镜下看出的现象和问题。

更多的启示还在于:每个人的眼镜是有限的,只能看出这副眼镜才能看出的东西,一副眼镜既是一片天地,也是一种有边界的局限。如果人一辈子只会戴一副眼镜看世界,难免被偏见所束缚。因此,人常常需要反思、改造、更新自我原有的眼镜,由此看到的世界才会更丰富更完善。

把教材作为解读的对象,教师需要戴三种不同的"眼镜",基于三种眼光和立场吃透教材。

第一种眼光:成人眼光。

教材中知识的创造者是成人,它们被最初创造出来的时候,并不是为儿童和学生做准备的,因而不是以他们为阅读和使用对象的。每一本教材中的知识背后都有原始形态和原始价值。当编者把这些原本由成人创造、成人运用的知识通过筛选加工转化为教材形态之后,这些知识的原始形态和原始价值就会发生改变,但它们并没有消失,依然隐匿于背后发挥着特殊作用。对教师而言,教材背后的成人眼光具有"原点价值"或"原始价值",它是一本学科知识的根基和源泉。教师除了了解教材、教法之外,还应该对学科本身的特点有透彻的把握。我在设计安排学科教师培训时,总希望能够请到数学家、物理学家和文学家这样的专家,给教师谈数学、物理和文学,而不是只谈数学教学法、物理教学法等。目的是让教师回到学科知识创造的原点,去汲取营养和生长的力量,避免将过多的力量用在枝叶(教学法)上,而忘记了、淡漠了自己的根(学科)。

第二种眼光:教师眼光。

看待同样一个"数学问题",数学老师和数学家不一样,看同样一部"文学作品",语文老师和文学家也不一样,各种"家"们关注的主要是内容的原创新颖,教师们则不然,当他们带着这些内容走进课堂的时候,他们考虑的重点不是如何理解和发展这些内容,而是如何转化:转化为教学目标、教学过程和教学方法,最终转化到学生那里去。他们眼中的难点和重点也是围绕着"转化"而来的:哪些好教,哪些不好教?为实现转化的目的,在教材编选者对知识进行了课程化、教材化的第一次重组后,教师还要进行以"教学转化"为目的的第二次重组。整个重组围绕三大核心问题:

我到底教什么?明确教的具体落脚点,也就是教学重点。

我为什么要教这个内容?给自己几个理由。

我如何教?选择哪些恰当的方法。

支配三大问题的提出和解决的是"教学逻辑"和"转化逻辑",而不是"知识逻辑",虽然后者是前两者的基础。

第三种眼光:学生眼光。

这是站在学生角度,从学生成长需要出发的思考,它遵循的不是"教师逻辑",而是

教育内容常识：创造性选择、解读和活化

"学生逻辑"。为此，教师需要设想：如果"我"是学生，初次遇到这样的教学内容，"我"是否有兴趣？"我"为什么要学这个内容，给"我"几个理由。"我"理解这些知识的具体困难和障碍在哪里？"我"该如何学习，把这些书本中的知识、老师教的知识转化为"我"的知识？

如上三种眼光或立场的解读，是相互勾连、不可割裂的整体。成人眼光是课程与教材知识的源泉，学生眼光是教师眼光的依据。

同样是解读教材，学生眼光和教师眼光的联系最值得关注。试看如下案例：

神话类课文的学习是四年级上学期的重点之一。本册书共出现三篇神话，《开天辟地》是创世类神话，《普罗米修斯》是英雄类神话，而最后一篇《九色鹿》属于神佛类神话，原出自《佛经》。神话类的课文对于四年级学生来说，最大的语言特色在于结构清晰，极富神奇的幻想。最重要的精神价值追求在于神话的主人公大多是美德和贤能的化身，结局基本是"善恶终有果"。因此可以通过学习，树立学生正确的价值观和人生观。

与前两篇神话相比，《九色鹿》依然传承着结构清晰，结局圆满，人物形象积极向上的特点，但是也有自己的独特之处。首先，文本中出现的成语非常多，而且在意义上有很多内在的联系，更是文章结构梳理和理解人物形象的串联点。这不仅为学生提供了成语学习的机会，而且有利于通过成语巩固和综合性提升学生已学过的字、词、句等语文知识，还可以提高学生准确运用成语表达思想的能力。其次，文本的思想价值存在着多元解读的可能，诚信、正义、感恩等等都是该文本的价值，但是立足神话的本体价值，依据学生的实际状态，我们更需要关注的是"义"字。它带给四年级学生的是对"义"的理解、思考和感悟。第三，从写作方式上来看，它把自然物拟人化，既符合本年级的学生心理特征，也有助于学生感知和把握这种拟人化的写作方式，丰富其对写作方式的感受和经验。与前两篇相比，没有

明显的"神"的形象,只是因为它的来源,而划分至神话类。第四,这篇神话的人物形象比较多,主要人物为九色鹿和调达,故事主要围绕两者的关系展开。能否理解和如何理解这两者的关系,是学生理解此文的难点和关键所在。(许嫣娜,2009)

上述对教材《九色鹿》的文本解读,没有就文本谈文本,而是始终将文本与学生结合起来,例如"依据学生的实际状态,我们更需要关注的是'义'字",而且还渗透了年级段意识,"它带给四年级学生的是对'义'的理解、思考和感悟"。除此之外,时刻不忘捕捉学生理解此文的难点和关键,如"能否理解九色鹿和调达的关系"。

随后而来的"学生情况分析",作者同样展现了关联意识:

四年级上半学期,教师立足学生的学习兴趣,引导学生拓展阅读神话类作品,如一些中短篇神话小说,主题多元,内容丰富。在学习中,老师发现从四年级学生群体看,学生非常喜欢学习神话,奇异的夸张和想象充分地调动了学生的学习兴趣,而且其中高大的"英雄形象"也满足了学生作为人的发展理想的美好愿景。因此,此文在一定程度上满足了学生的需要。同时,学生在学习后自主总结出对神话的认识:

1. 人物:主人公具有神奇的能力,都是善良、勇敢的正面形象。
2. 情节:神话的结构比较清晰,主人公总要经历一段磨难,结局都是圆满的,表达了古代人民美好的愿望。
3. 语言简洁,富有幻想色彩。

但是在学习中也存在着一些困难,如对于有些人物较多的神话,学生不容易发现主人公线索,主要内容的概括比较庞杂啰嗦;又如由于神话的价值一般都是积极向上的,学生很容易泛化和抽象化,对于文本的独特价值缺乏具体化的认识;再者由于学生在阅读神话故事的过程中,更容易被带有神奇色彩的故事情节所吸

教育内容常识:创造性选择、解读和活化

引,而忽视对故事中人物形象的具体感悟。(许嫣娜,2009)

教师致力于发现学生分析与教材文本的关联点,包括:兴趣和需要(神话)、困难(不易发现线索、理解的泛化和抽象化)与缺失(忽视人物形象的具体感悟)等。综合教材分析和学生分析,作者又试图提升学生的生长需要,提出了"能力提升点":

> 就本篇课文而言,情节曲折生动,语言浅显明白,很容易调动学生的兴趣,对应文本的独特之处,对照学生的基础性资源,我们可以预设以下能力提升点:
> 1. 提升学生结合语境准确理解成语的能力。
> 2. 提升学生抓住主要人物的关系概括的能力。
> 3. 提升学生借助人物的动作、语言理解人物形象的能力以及借助人物形象,把握文本核心价值的能力。
> 4. 提升学生神话学习的综合能力,形成和巩固基于神话的类结构意识和能力,包括神话类本文的知识结构、方法结构、能力结构。
> 《九色鹿》的学习与前期的神话教学一脉相承,对中短篇神话的教学实现了一个"用结构,提升结构"的小结,为后期长篇神话的学习拉开了序幕。孩子们在老师的引导下,已经有十几位同学开始阅读《古希腊神话》、《封神演义》、《西游记》等长篇神话,但是由于语言风格上的差异,篇幅过长,对孩子的阅读造成了比较大的困难,教师希望以学生最熟悉的《西游记》为突破口,沟通前期在经典诵读中对古文的初步感知,带领学生阅读一些经典篇章,提升一部分能力较强的同学的阅读水平,鼓励能力较弱的同学参与进来,使全体学生都获得不同的发展。(许嫣娜,2009)

在如上细致入微的教材解读中,教师眼光、学生眼光形成了融会贯通的格局。

教育常识

24. 挖掘教学内容的育人价值

教育问题，首先是一个价值问题。解读教材的不同眼光和立场，反映的是不同的价值观。每个时代的教育改革，往往需要从根子上，即教育价值观的改革开始。叶澜指出：

> 每当社会发生重大转型时，人们对教育的批判，往往是从价值批判和重新认识教育的价值与目的始，并且以此为依据和出发点，再对现实的教育活动作出更具体的评析，提出新的原则、方案乃至方式方法。……今天，我们正处在这样一个时代，教育价值观的重新认识是一切教育活动不可忽视的起点。（叶澜，2006）

在教学内容的选择、解读和随后的教学转化过程中，价值问题是一个安身立命因而根本性的问题。如果以此来审视传统教育教学的缺失，那就是"生命价值的缺失"，即缺少"对学生作为活的生命体的多方面发展需要的关注"。这是传统教学各种缺失中最根本的缺失。

这个缺失表明，"教学内容和人的生命生长之间的关系问题"是一个长久被忽略的问题，教师往往关注的是学科知识体系，即教学内容本身如何，但却没有进一步追问：

这个内容对所教学生的生命生长，对不同年龄中小学生的生长需要，究竟有何独特的不可替代的价值？

由此导致教学内容的选择和解读，与学生今日的生命生长缺乏内在联系，往往成

教育内容常识：创造性选择、解读和活化

为与学生日常生活无甚相关的一个专门学习领域。与此同时，学生在生长过程中经常出现的困惑、好奇、期望、兴趣以及潜在的能力，在学科内和学科教学中得不到充分体现。

这说明，作为发展主体的学生的需要问题，没有真正成为一个首要的、前提性的问题来研究和思考。归根到底，课程、学科教学的内容缺乏生命色彩，更缺乏对这些内容的生命生长价值的具体挖掘和转化。

这是一个本该思考的常识性问题。既然教育以促进人的生命生长为内在目的，那么，教师选择和使用的教学内容是否能够达到这样的目的，以及在何种意义上达到这样的目的，都是教师应该且可以回答的问题。但在日常教学中这个问题的核心，就是教学内容的"育人价值"，其内涵在于：

> 每个学科对学生的发展价值，除了一个领域的知识以外，从更深的层次看至少还可以有：为学生提供认识、阐述、感受、体悟、改变自己生活在其中，并与其不断互动着的、丰富多彩的现实世界的理论资源；为学生形成和实现自己的意愿，提供不同学科所独具的路径和独特视角、发现的方法和思维的策略，特有的运算符号和逻辑工具；为学生提供一种惟有在这个学科的学习中才可能获得的经历和体验，才可能提升的独特学科美的发现。（叶澜，2006）

"育人价值"不只是一个概念或问题，也是一种选择和解读教学内容的眼光与视角，更是一种实践活动。

教学的全部目的，就是为教学的独特"育人价值"的挖掘和转化而教。

持有"育人价值"立场的教师，会将首要教学的首要任务放在"挖掘教学内容的育人价值"之上，随后将挖掘出的育人价值转化为教学行为，最终化到学生的精神世界中去。

挖掘"育人价值"有两个具体任务是：挖掘教学内容中必须带给学生的东西，挖掘

"此一类内容中的这一内容",在"此一课堂"对"此年级学生"和"此班学生"的独特价值。

我以语文教学为例。

首先,挖掘教学内容,即具体的教学文本中必须带给学生的东西。

可以分别从知识、情感、思想和精神、思维、审美和语言等多个视角进行解读。例如,基于知识的视角,针对《恐龙》,有老师写道:

> 相比以往的将事物特性融于童话故事或一定情境中的知识性文章,文本在内容上去故事、去情境,对恐龙进行了具体介绍,知识更为完全、丰富,是真正意义上的说明文,要引导学生了解说明文行文结构的基本特点。

又如,基于思想和精神的视角,聚焦《理想的风筝》这篇文章,有老师这么挖掘其育人价值:

> 从刘老师身上,可以帮助学生理解其身残志坚、乐观向上的人生态度,提升学生面对困难和挫折时的精神品质和精神境界。

上述所有视角中,对于语文这个特殊的学科而言,最重要的是语言视角,努力开放和利用每篇文章可能给学生带来的语言能力发展的价值。以二年级的教材《真想变成大大的荷叶》为例,有老师在表达方式的层面上挖掘其价值:

> 这首诗的语言也很能引起学生的共鸣,文中"想变点儿什么"的一问,打开了学生想象的闸门,为孩子提供了广阔的想象空间;同时本文的表达方式多样,如"我想变一只蝴蝶,在花丛中穿梭"这一句就与其他三处的表达方式不一样,为学生掌握更多的表达方式提供了资源。

在开发语言价值的过程中,教师对文本的关注重心要尽可能实现从"意思本位"到"意图本位"的转换。前者关注的是文本写了什么?后者焦点则在于文本"怎么写的"和"为什么要这么写",这才是语文教学的价值核心。

其次,要读出"此一类文本中的这一文本",在"此一课堂"对"此年级学生"和"此班学生"的独特价值。

所谓"此一类文本中的这一文本",首先,文本可以基于文体、体裁和主题等不同标准划分出的不同类型,如记叙文、说明文、议论文等,这是一种客观存在,不同类型的文体对学生有不同育人价值,进而引发不同教学内容、教学目标和教学方法的选择。教师需要有对文本类型的敏感,在判断某一文本的育人价值时,需要先判断其是属于哪一类型的文本。然而,即使是同一类型文本,文本之间不仅存在内容差异,也存在育人价值差异,类文本的抽象性不能替代某一具体文本的独特性。教师需要在类文本的整体背景下,解读今天所教的"这一文本"的独特育人价值。如同样属于散文类的文本,《我和祖父的园子》相对于《爱如茉莉》《月光启蒙》等文本,有老师发现,其独特在于:

(1)行文结构更松散,给学生进一步感受散文结构的灵活自由提供了典型范例;(2)情感表达更有特色,为提升学生对语言的敏感,对情感的体察提供了丰富的资源;(3)解读空间更大,为更加激发学生课外阅读的兴趣,建立阅读文学作品的方法结构提供了资源。

所谓"对此年级"和"对此班级",意味着文本育人价值具有年级特征和班级特征:同一文本放在不同年级教,对不同年级学生的育人价值是不一样的。放在同一年级的不同班级教,其价值也可能迥异。同样以《我和祖父的园子》为例,有老师在确定育人价值之前,先对本年级本班学生的发展现状进行了分析,发现学生还不善理清文章脉络,对文本语言表达方式缺乏敏感和认知,对文本解读还处于浅层状态。基于上述现状,她发现该文本的价值就在于能够在一定程度上解决上述缺失:

(1)"园中景"和"园中事"两大方面有助于学生学会理清文章脉络,感受散文结构自由灵活的特点;(2)有助于提高对文中独特的语言表达方式的敏感度;(3)有助于培养学生深层次解读文本,激发进一步阅读原著的兴趣。

只有这种具体到"年级"和"班级"的育人价值分析,才能够使教师眼中的文本不再是抽象文本,而是具体文本,教师眼中的学生不再是抽象的学生,而是具体的学生。

育人价值的挖掘只是教学前提性的第一步,随后的重要工作就是"转化"。教学即转化,就是把挖掘出的育人价值转化到教学设计、教学过程和教学反思中去,转化到学生的头脑中去。在育人价值的挖掘准确到位,并且具体化为明晰的教学内容、教学目标和教学方法的前提下,衡量教学质量的主要标准就是对育人价值的转化程度的考量,即在多大程度上实现了对育人价值充分、具体和准确的转化。

学生常识:教育最需要的常识

25. 读透学生是教育的出发点和依据

教育的首要目的，是把儿童变成学生。

当儿童来到家长面前，当儿童进入学校，走到教师面前的时候，这是教育者的首要工作：把眼前的儿童，变成你的"学生"。

罗杰斯说：

> 学校教育的中心工作是如何将一名学前儿童转变为一名学生，进而将其塑造成一个全面发展的个体。良好的辅导会让学生充分利用学校教育中提供的各种资源来全面发展自身。（罗杰斯，2008）

这是站在教师立场上得出的观点，教师把学生的角色赋予儿童，对其提出学生角色应该遵循的规范和要求，同时组织利用各种资源促进学生的生长。

如果站在学生立场，从学生的眼光来看，要把儿童变成学生，首先考虑的不应是："教育者要给予儿童什么，儿童才能变成学生？"

而是：

"儿童自身有什么样的基础和条件，可以有助于他们变成学生？"

这就需要教师了解学生，研究学生，读透学生。它其实是一种读人、懂人和识人的能力，许多职业都把这种能力视为"必须"。

医生治病，每天都需要直面病人的生命。做医生的基本条件，是对他欲医治的对象,即人体,有透彻的了解和把握:有多少骨骼、器官?各自的功能是什么?我们难以想象,在不熟悉人体的情况下,一个医生可以看病、开药,拿起手术刀。

画家绘画,在他画人体之前,必然要对人体的构造,从肌肉、骨骼到皮肤的特点,有起码的常识性的了解,以保证画出的作品是"人"体。

将军打仗,需要对部下的性格、特长和弱点有准确的把握,如此才能做到把合适的将领派到最适合的地方。

为官从政者,对属下适合什么样的岗位,也应心中有数,这样才有利于在不同岗位上安排最适合的人。

清朝末期,某日,李鸿章带了三个人拜见曾国藩,请曾国藩给他们分派职务。恰巧曾国藩散步去了,李鸿章示意让那三个人在厅外等候,自己去到里面。不久,曾国藩散步回来,李鸿章禀明来意,请曾国藩考察那三个人。曾国藩摇手笑言:"不必了,面向厅门,站在左边的那位是个忠厚人,办事小心谨慎,让人放心,可派他做后勤供应一类的工作;中间那位是个阳奉阴违,两面三刀的人,不值得信任,只宜分派一些无足轻重的工作,担不得大任;右边那位是个将才,可独当一面,将大有作为,应予重用。"

李鸿章很是惊奇,问:"还没用他们,大人您如何看出来的呢?"

曾国藩笑着说:"刚才散步回来,在厅外见到了这三个人。走过他们身边时,左边那个态度温顺,目光低垂,拘谨有余,小心翼翼,可见是一小心谨慎之人,因此适合做后勤供应一类只需踏实肯干,无需多少开创精神和机敏的事情。中间那位,表面上恭恭敬敬,可等我走过之后,就左顾右盼,神色不端,可见是个阳奉阴违,机巧狡诈之辈,断断不可重用。右边那位,始终挺拔而立,气宇轩昂,目光凛然,不卑不亢,是一位大将之才,将来成就不在你我之下。"

曾国藩所指的那位"大将之才",便是日后立下赫赫战功并官至台湾巡抚的淮军勇将刘铭传。

对于教师而言,所谓"读人",就是当儿童变为学生,自己试图促进其生长之前,需要对所教学生的实际状态和发展前景,有基本的把握和了解。

对于读出学生的发展前景,陶行知曾经对同行有过劝诫和提醒:

> 你的教鞭下有瓦特,你的冷眼里有牛顿,你的讥笑中有爱迪生。你别忙着把他们赶跑。你可不要等到坐火轮、点电灯、学微积分,才认识他们是你当年的小学生。(陶行知,1981)

要从一堆学生中看到瓦特、发现牛顿、找到爱迪生、预见到乔布斯和比尔·盖茨的出世,不是一件容易的事情,能够做到的只是凤毛麟角,成为事后诸葛亮的后知后觉者在教师队伍中不在少数。

对于教师而言,更基础、更实际的工作还是读懂学生目前的实际状态。苏霍姆林斯基有一个非常形象生动的说法,"教师要学会对准学生心弦的音调"。

许多教学之所以低效、无效甚至负效,常常与教师对不准学生心弦的音调有关,要么对歪了,对偏了,要么对错了……

这看似是一个充满了温情、诗意的高要求,其实却是一个底线要求。实际情况却并不乐观。许多教师,在对学生缺乏深入了解,甚至一无所知的情况下,开始从事促使其生长的教育工作。

在有的教师心中,处在第一位的不是学生,而是"教材":教材难还是不难,好不好教?是"自我":如果教砸了,怎么办?或者别的外在于教育目的的东西:怎样赢得听课者的褒奖?

教师心中没有学生,是教师心灵世界中最大的空白,也是最不应有的空白。

把学生放在心中,不是理想的高要求,是对教师最起码的要求。若以此标准来衡量天下的教师,大致存在三种类型。

第一种类型:心中无学生。

教师目中无人,目中只有知识和目标。他可以在没有学生的情况下,设定教学目标和教学内容,选择教学方法。学生与教学目标、内容和方法彼此分离。学生的存在价值,只是为目标的实现而服务的工具。学生本身不是目的,只是手段。

第二种类型:心中有学生,但是抽象的学生。

教师知道要把学生放进心中的道理,但对于学生具体的需要、特殊困难和障碍、不同的个性,老师并不知晓,学生只是教师嘴上空洞的口号,心中抽象的符号。

第三种类型:心中有学生,而且是具体的学生。

对于所教学生的个性,已有的积累,面对新知识可能的障碍等,教师都有先知式的通晓和预测。对学生有具体透彻的了解,来自于教师的具体步骤方法。

第一步:了解"学生已经有什么?"

学生走进课堂之前,已经有什么兴趣和需要,情感和态度,知识和技能,方法和习惯,以及已经掌握了什么思维方式等。

第二步:发现"学生还缺什么?"

要掌握今天所教的知识,达成教师设定的教学目标,这些学生还缺什么。

我常常发现教学开放后,学生互动对话的频度很大,但普遍缺失在于学生彼此之间倾听不够:既缺少相互倾听的意识,更缺少倾听的能力和习惯。为此,教师可以采用多种方式加以引导:让学生复述前面同学提出的问题和观点;对同学的发言加以评价比较;提出自己的问题和观点;把同学的问题和观点记下来等。

这种指导和训练的目的在于:学生缺什么,教学中就补什么!

第三步:研究"学生的困难和障碍是什么?"

针对当堂的教学内容,教师预先设想学生在学习过程中,可能会遭遇到的具体困难、障碍及其症结:哪些他们理解上有困难,困难在哪里?为什么有困难?

难点、障碍点找到了,学生的生长点就找到了。

第四步:寻找"学生的差异是什么?"

同样学习一个内容,学生难免会有这样那样的差异,教师不仅要把握这些差异,还要把差异变成教学资源。

经过上述四个步骤，就有可能读透学生。读透学生并不是最后一步，还有一个非常关键的步骤。

第五步：追问"学情与教学目标、内容、方法和教学过程的关系是什么?"

这一步的用意是避免把学生研究和其他教学设计割裂开来，变成互不相关的几张皮。

例如，如果发现学生不会提问质疑，提不出有质量的问题，那么，这个缺失就可以在目标设计上这样体现，"提升学生的质疑问难的能力"。

要把抽象学生变成具体学生，除了上述五个步骤的逐步推进之外，还需要渗透两个意识：年级意识、班级意识。要依据年级特征和班级特点来解读学生和教材。最需要思考的问题是："这个内容放在这个年级和这个班级教，学生会如何?"

读懂了学生的实际状态，教育教学就有了可靠的前提和依据。

26. 孩子的内心是一个宇宙

当我们的脑海中闪出"孩子"形象的时候,立刻会有一些词语冒出来:混沌、简单、幼稚、单纯……与之相应,面对孩子,大人的反应大致是:好笑、不屑一顾、不信任……

成人们普遍相信,孩子的世界就如一张白纸,可以在其上任意书写,能够被轻易看透。

但日本学者河合隼雄不这么认为,经过多年观察研究,他发现了一个"孩子的宇宙":

> 是不是每个人都知道,在每个孩子的内心,都存在一个宇宙呢?它以无限的广度和深度而存在着。大人们往往被孩子小小的外形所蒙蔽,忘却了这一广阔的宇宙。大人们急于让小小的孩子长大,以至于歪曲了孩子内心广阔的宇宙,甚至把它破坏得无法复原。(河合隼雄,2010)

当我们把孩子内心视作一个宇宙时,有何教育的意义?

它促使我们重新发现孩子的真实世界,重新认识教育者的使命。

第一重意义,它打破了我们有关孩子的成见,让幻象消失、误解退场,让真实的儿童世界呈现出来,这个宇宙世界的广度、深度、高度和亮度远远超出我们的想象,诗人顾城在《感觉》中写道:

> 天是灰色的

教育常识

路是灰色的
楼是灰色的
在一片死灰之中
走过两个孩子
一个鲜红
一个淡绿

顾城眼中的"成人的宇宙"是灰色的，生机和光亮都被"灰蒙蒙"所笼罩。而"孩子的宇宙"则充满了鲜红般、淡绿般的朝气，洋溢着"苟日新日日新"的生长力量：

孩子过了一周
会增加一周的伶俐
孩子一周之内
能记住五十个新词
孩子在一周之内
可以改变自己
然而大人过了一周
却还是老样子
大人在一周之间
只翻同一本周刊杂志
一周的时间
大人只会训斥孩子

这就是"孩子宇宙"与"成人宇宙"的差异，它因此对每个教育者提出了正视这个宇宙、尊重这个宇宙的独立性要求。

第二重意义，它引发我们进入这个宇宙，凝视和阅读这个宇宙的好奇心、需求和行动。这样一个新奇的宇宙，究竟是一个什么样的宇宙？惊异和好奇，是智慧的开端，由此使我们可能拥有真实的有关儿童的知识和智慧。

第三重意义，它提醒我们小心翼翼地呵护这个宇宙，在凝视和阅读中慎重进入这个宇宙，努力保持这个宇宙的本真面貌，不轻易破坏它，及时修复由于成人的傲慢和偏见而给这个宇宙带来的各种破坏。诗人希尼写道：

> 如今，再去窥探根的深处，用手指抓出泥泞
> 如大眼睛的那西索斯，瞪视着泉水
> 有损成人的尊严。所以我写诗
> 为了凝视自己，为了让黑暗发出回声。

（希尼，2001）

作为艺术的教育，教育如诗，每一次与儿童的教育对话，都是一首诗的创作，都是"教育诗"。

创作教育诗的目的，是"为了凝视自己"，这里的"自己"，是教师"过去的自己"，是过去那个同样作为童年的自己，过去之我，就是今日之孩童。凝视过去自我的过程，就是凝视今日教师所面对的孩童的过程，对孩子宇宙的凝视与对教师自我宇宙的凝视，由此成为一种双向交融的过程。

创作教育诗的目的，更是"为了让黑暗发出回声"。让原本被成人逼入黑暗的孩子宇宙，重新迸发光明，发出余音袅袅的回声。

第四重意义，它要求我们找到孩子宇宙间与成人宇宙间衔接、转化和发展的通道，但绝不用后者裁度、吸纳前者；最重要的，不要用成人的宇宙替代孩子的宇宙，这只会带来"孩子宇宙"的毁灭。

有一堂与初冬景象有关的语文课，教师让学生将雾散后的美景画出来。一个学生

在黑板上画了一个很大很大的太阳,不仅画出了太阳的光芒,而且画出了太阳的笑脸,非常传神。可惜,老师嫌画得太大,生怕其余的景物画不下,就擦去了。后来上来画的,都没有第一个学生画得好。老师只好自己画了一个不大不小的太阳,可惜的是,再也看不到第一个学生画的那个太阳所特有的神采了。学生眼中的太阳就是那么大,就是那么露着笑脸,这就是儿童的眼光,儿童的宇宙。

第五重意义,它促使我们反思自己的宇宙。我们不要因对"孩子宇宙"的遐想和凝视,而忽视了对"成人宇宙"、"教师宇宙"的眺望、审视和思考。教育世界中最可怕的"不在场",不只是学生宇宙的"不在场",也是教师宇宙的"不在场"。教育中最重要的关系是师生关系,师生关系则是宇宙与宇宙之间的关系,是大宇宙与小宇宙的交融与转化的关系,是两个宇宙间双向滋养、双向构建的关系。

日常教育生活中常常展现出这样的场景:教育者的目光总是朝向外部世界,想对外在于己的他人生命有所作为,仿佛他的一生就是为外部生命的宇宙而存在的一生,但很少朝向内部自我的宇宙,很少意识到:教育者要对孩子的宇宙有所作为,首先必须对自己的宇宙有所作为;要对孩子的宇宙有所创生,必须从自我宇宙的创生开始。一个不愿和不对自己的宇宙有所作为的教师,不是一个值得信赖和托付的教育者。一个始终停留在生命的过去时和现在时的教育者,怎么可能持续改变他人的现实,怎么可能带给他人以未来?教育中最可能发生的事情是:孩子的宇宙因为教育而变得越来越宽广,教师的宇宙、教育者的宇宙却变得越来越狭窄和封闭……

有了自身宇宙的阅读、发现和重建,有了新灵魂的灌注和扎根,教师所经历的教育时光就不再是琐碎、平庸、烦扰和平面的代名词,从此被赋予了新内涵、打上了新印记。教师的内心书房中,同时安放着孩子宇宙和教师宇宙,它们在彼此交融中实现了宇宙之间的相互转化和创生。

27. 把儿童当儿童

为促进孩子的生长,教育者总要提出各种期待和要求,它们可以转化为孩子生长的力量。但并不是所有的期待和要求都有教育价值,都有健康的生长力量。

一种"不正常的期待"在成人世界里弥漫已久。

在中国古代,常常有神童从小就会吟诗填词,父亲们大喜过望,视为珍宝,带着他们到处拜访朋友,参加各种聚会,做赋诗表演,有客人来访,也必把神童叫到客人面前展示一番。童年即博得盛名的神童们,但长大成年以后大都默默无闻,与庸人无异,历史上只留下他们童年曾经喧嚣一时的身影。

我们无法体会神童当时的心情,是欢喜骄傲还是烦恼疲惫?我们也难以揣摩神童成年后的心情,是繁华散尽后的孤寂落寞,还是得以解脱的轻松释然?但我们肯定能够体察成年人的喜好:

> 喜欢孩子说出成年人才能说出的话,做出成年人才能做出的事情,思考只有成年人才会思考的问题。

这说明,我们这些成年人和教育者一直隐约有对童年早熟的期待、渴望和癖好,一直习惯于按照成人自己的人生理想去预设和规训儿童,一直依据成人的精神需要去利用儿童。

我们会对儿童的天真稚拙表达欢喜和快乐,会对儿童的早熟早慧表达惊异和赞叹,这样的赞叹会变成对孩子的一种激励,也会转化为评价的标杆和尺度,强化儿童早熟的进程,加快了童年向成年转化的步伐。

在众多教育者的潜意识里,总是期望童年越短越好,进入成年越快越好。

这可能也是今日很多果农的心态:水果成熟期越短越好,结果出产的水果失去了它本应有的滋味。人的生命何尝不是如此？人的生命不应是外在力量催熟催大的,而应是凭借自身的力量,按照自身的节律自然生成的。顾明远曾表达过这样一种吁求:

不要用果农使用的膨大剂催熟孩子,这样长大的儿童有爆裂的危险！

这里的"催"包含了成年人急切的催促:快快长大！快快成人！当"长大"和"成人"联系在一切成为"长大成人"时,似乎意味着"儿童还不是人,只有长大后才能成人",这也同时昭示着所谓"成人"的含义:成年后的人,才是人。

当我们急不可耐地催促童年世界向成人世界迈进之时,童年自身的存在价值被忽略了,儿童自己的童年生活被成人剥夺了,如同鲁迅所说的"占尽了少年人的道路,吸尽了少年的空气"。即使童年有价值,也是作为成年的过渡和准备,是"小大人"和未成年意义上的价值。

童年世界,是一个独立自主的世界,它是人生不可绕过的必经阶段。如同周国平所言:

人生的各个阶段皆有其自身不可取代的价值,没有一个阶段仅仅是另一个阶段的准备。尤其儿童期,原是身心生长最重要的阶段,也应是人生中最幸福的时光,教育所能成就的最大功德是给孩子一个幸福而有意义的童年,以此为他们幸福而有意义的一生创造良好的基础。(周国平,2000)

试图绕过这个阶段的成年人,也有自己的另一套理论:让儿童尽早体会成人世界的艰辛痛苦,现在吃苦,是为了将来少吃苦甚至不吃苦。这是一个既无逻辑也没有生活常识的观念:从逻辑上,童年吃苦,而且让童年过早吃大人的苦,并不必然导致成年之后就轻松舒适,成人有成年之后不同阶段的艰难困苦,它并不必然能够通过童年期的提前承担而自然化解;反过来说,童年幸福也并不意味着成年后就必定要多受苦。从生活经验来看,童年不幸福的人,长大之后也多不幸福,痛苦挫折的阴影往往会伴随一生。

童年时期的"幸福",并不是"好逸恶劳"、"贪图享受"、"无所事事"意义上的幸福,而是要让儿童体验、享受童年才会有的欢乐,如游戏的欢乐,无拘无束、自由自在的想象和漫游的欢乐等等。总而言之,让儿童过童年时期特有的生活,体验童年才会有的欢乐——那些一旦错过就再也不能体验和拥有的欢乐。童年的幸福,也是成年幸福无法换来的幸福,它是独一无二、珍贵无比的幸福。

为了让儿童真正拥有儿童的幸福,作为成年人的教育者需要做三件大事:

第一,尊重童年特殊的生命生长价值,把童年还给儿童。

第二,不把儿童当做"小大人",把儿童当做儿童。

第三,让儿童说儿童的话,让儿童做儿童的事,让儿童过儿童的生活。

泰戈尔曾经深情地描绘过一幅儿童生活的画卷:

孩子们在无边的世界的海滨聚会。头上是静止的无垠的天空,不宁的海波奔腾喧闹。在无边的世界的海滨,孩子们幻化跳跃地聚会着。他们用沙子盖起房屋,用空贝壳来游戏。他们把枯叶编成小船,微笑着把它们漂浮在深远的海上。孩子在世界的海滨做着游戏……(泰戈尔,1990)

这就是儿童自己的生活,儿童自己的世界,儿童自己的宇宙,是真正属于儿童也是最适合儿童生长的土壤。

最不能忘记的是,这样的生活世界、这样的宇宙,是儿童自己创造的,他们的创造从婴儿床上就开始了:

我们甚至不会注意到,我们家中那张新买的婴儿床上,有一件神奇的事正在发生。就在那儿——婴儿床的栏杆后面——世界正被创造。(贾德,1997)

儿童拥有创造他的世界的权利和能力,这也是成人不可剥夺的权利。

28. 学生是教育的目的

当年集中一段时间研读康德的著述,发现他老人家提出了许多很好听但又不太好理解的观点。比如"人是目的",当时我"现场生成"了一些问题:

"人是目的和人要达到的目的有什么区别?"

"人如果不是目的,是什么?"

"人怎么才可能成为'目的'?"

现在看来,这明显是一些因"无知者无畏"而来的问题。

所以,康德没有理睬我。

我只好自己寻求答案。后来读到犹太哲学家马丁·布伯的著作《我与你》,他把人与人的关系分成三种关系。

我与它的关系。"它"是对"非人"之"物"的代称,在"我"眼里,对方只是满足自己需要,达成自己的目的的手段和工具。如同我和斧头、我和桥的关系,对方可以任由我摆弄利用,招之即来挥之即去,用完就可丢弃,过河即可拆桥。人与人之间的关系,成为一种利用与被利用的不平等的关系。人情冷暖,世态炎凉,常与此有关。

我与他(她)的关系。相对于"我与它",这种关系多了些"人味"。对方不是被物化的它,而是表示人的"他(她)"。但这种关系的距离感依然存在,他是站在对岸的他,与自己遥遥相对,彼此敬而远之。

我与你的关系。是最理想的人际关系,当"他"变成"你",距离陡然拉近,是一种平等对话且相互促成的关系,用布伯的话来说,就是"相互玉成"的关系。

这三种关系的内涵,是对康德提出的"人是目的"的一种布伯式回应、解释和表达,蕴含了布伯的人生体验。

　　然而,在我这里还是抽象的理解。直到后来看到两个中国内地有关学校活动的报道。

　　某学校为迎接领导,全校停课,学生在校门口集体列队欢迎领导,照片上的领导满面红光,有些许皇帝驾临听到"三呼万岁"后的神采;校长满脸堆笑,很有些得意自豪的神色;学生脸庞则洋溢着童真稚嫩的笑容。

　　这个案例颇有些喜剧或滑稽色彩,也是在祖国大地上频繁上演的"剧目"。但另一个类似的活动就让人心生悲凉了:为迎接某领导,全体学生在冬天的凄风冷雨中守候了两个多小时,最后,领导因故没来,欢迎活动取消。第二日,请假学生大增,主要去向:医院。

　　两个事件有两个共同之处:

　　之一:主角是领导和校长,配角是学生。他们只是为配合这些活动的道具,领导、校长一方,学生作为另一方,双方构成的是"我与它"的关系。

　　之二:受益者是校长,牺牲者是学生。校长收获的是领导的认同,各种潜在资源的获得,学生牺牲的是时间(学习和游玩)、健康,以及纯真。

　　由此,我对于"人是目的"的说法有了体验性理解,经验性论证。

　　孩童的生命,本应是教育的目的,促使其生命的健康生长,是所有教育活动的最终指向和归宿。但这些稚嫩弱小的生命,却时常被家长当作炫耀"教子有方"、"光宗耀祖",满足虚荣心的手段和工具,被教师视为完成领导任务、获得认可、实现晋升等与"追逐名利"有关的手段和工具。

　　学生从目的变为手段和工具,这是教育最大的异化,也是最大的悲哀。

29. 学生是种子，不是石头

长久以来，"教育理论"声誉不佳，是一个表面上受到尊重，背地里遭人厌弃的东西，它在教师心目中真实的形象是：高深、抽象、空洞、无用。但人们对理论并没有彻底死心，普遍怀有一种期待：把理论变成操作手册，教育孩子之前，可以像菜谱一样摊开在桌前，照葫芦画瓢地"炒菜"。这是一种不切实际的期待，也是对理论的误解。理论的价值首先不在于教给我们"怎么做"和"怎么办"，而在于告诉我们"怎么看"和"怎么想"。"怎么看"往往决定了"怎么办"，所谓"既要做正确的事，也要正确地做事"，表明了一个简单的道理：没有正确的看，就不会有正确的做。

在"正确地做教育"之前，需要"正确地看教育"，教育理论，也称"教育观念"，就是认真地"观（看）教育"之后形成的见解和看法。

最重要的"看"，是"看学生"；

最重要的教育看法，是有关学生和儿童的看法；

最重要的教育观念，是有关学生的观念。

"学生观"即是"观学生"。教师怎么看待学生，就会怎么做教育，就会采用相应的教学方式。

如果把学生看做"容器"，教学方式就是"灌输"和"填鸭"；

如果把学生看做"石头"，教学方式就是不顾学生需要和感受的"一言堂"，是任意妄为的"精雕细刻"；

如果把学生看做"种子"，教学方式就是耐心呵护，平等对话，多向互动。

一言以蔽之，你怎么看待学生，你就会怎么教育。

我眼里的学生自然是"种子"，但这一"学生观"并不必然带来"合理的教育"，或者说"正确的教育"。

一位隐士住在山中，他很勤劳，每年春天，台阶上的野草刚探出头便被他清理掉了。一天，隐士决定出远门，叫了一位朋友帮他看守庭院。与他相反，这位朋友很懒，从不修剪台阶上的野草，任其自由疯长。暮夏时，一株野草开花了，五瓣的小花氤氲着一阵阵的幽香，花形如林地里的那些兰花一样，不同的是花边呈蜡黄色。这位朋友怀疑它也是兰花中的一种，便采撷了一些叶子和花朵去请教一位研究植物的专家。专家仔细地观察了一阵，兴奋地说：

"这是兰花的一个稀有品种，许多人穷尽了一生都很难找到它，如果在城市的花市上，这种腊兰的单株价至少是一万元。"

"腊兰?!"

这位朋友惊呆了。而当那位隐士知道这个结果时，惊呆的人又多了一个，他感慨地说：

"其实那株腊兰每年春天都会破土而出，只不过它刚发芽就被我拔掉了。要是我能耐心地等待它开花，那么几年前就能发现它的价值了。"

隐士犯了两个错误：看错了种子；失去了耐心。

隐士的确看到了"种子"，但他看到的是"野草"而不是"腊兰"，他形成了"野草"的看法，就有了随后对"野草"的行为：刚发芽就拔掉，这是一种轻率的行为，因为隐士没有耐心让这些他心中的"野草"生长，没有给每一株野草留出开花的时间。

人类犯下的很多错误，都在于缺乏耐心。

对于教育者而言，拥有耐心的前提，是知晓种子发芽开花的"花期"。我们习惯于把儿童比喻为"花朵",形容他们的"娇嫩"、"美丽",但不习惯于寻找和确定花朵绽放的时期,更不习惯于长久的忍耐和等待,总是不切实际地希望种子按照自己预定的时间开花结果。

"孩子就像玫瑰花蕾,有不同的花期。最后开的花与最早开的花一样美丽。"这是美国 2003 年"全国年度教师"贝特西·罗杰斯的一句话。它提醒我们:

相信每一个孩子都是一朵含苞待放的玫瑰花蕾。

没有谁是一棵甘于平凡的小草,没有谁是一片甘于陪衬的绿叶。只有把孩子当成花蕾,它才能有开花的冲动和美好的盼望。教育要做的就是赋予孩子开花的希望,学会欣赏他们开花中的天真梦语,领悟他们的童真童趣。

每一个孩子都是一朵玫瑰花蕾,但却有不同的花期。

如同玫瑰花蕾绽放有早晚之别,孩子的成长也有快慢之分。如身体成长的快慢,形象思维能力和抽象思维能力发展的早与迟等。教师永远不要期待每个孩子都在同一时期开花。

花开的早与迟,不是判断花蕾价值的标准。

迟开的花蕾和早开的花朵有同等价值,拥有同样美丽,需要教育者有同等尊重。

对于迟开的花蕾,教育者的工作,就是耐心地守候,等待花期到来。这是对孩子最大的鼓励和支持。

教育者最忌讳的行为是不耐烦地拂袖而去,或者运用各种方法让花期提前,让本应冬天绽放的花朵提前到夏天绽放,这种绽放是对孩子生命最大的伤害和摧残。

这是以促进生命生长的名义,做着妨碍甚至损害正常的生命生长的事情。

这是人间的教育常态:以看似教育的方式做着非教育的事情。

30. 学习是一种艰苦的劳作

观察一下把孩童送进学校读书时，他们的心情和表情，是一件很有意思的事情。

有的兴高采烈，终于可以上学了！这样的情景常常在家庭贫困、读不起书的孩子那里出现，这样的机会来之不易。他们眼里噙满了泪水，心里充满了欢笑。

有的愁眉苦脸，无忧无虑的时代结束了！学校生活前景未卜，有一些恐惧、有一些担心、有一些无奈，后面有父母的言辞呵斥和棍棒伺候，不去是不行的！我儿子就是带着类似的表情走入校园的。我没有棍棒打压，只是，没有我的压力，他是不愿出门的。

有的面无表情，是典型的懵懂无知！他们对未来的学校生涯（其实就是受教育生涯）没有多少想象和期盼，只是把它当作父母要求的一部分，当成必须要做的一件事情而已，至于这种事情到底意味着什么，他们幼小的心灵还难以揣摩和窥透。

无论哪一种孩子，走进学校之后，都会听到老师们必须讲的一句话：从现在开始，你们是学生了。于是，他们知道了自己新的身份：学生。

难得有孩子明了"学生"这个新角色背后的含义：

学生就是劳动者。从走入课堂，坐在课桌边开始，他们就已经是劳动者了。

他们从事的劳动，就是"学习"。

学习，是一种艰苦的劳作。对孩子而言，尤其如此。

他们必须克服自己好动活泼的天性，强制自己安安静静坐在教室里，不能想玩就玩，想吃就吃，想说就说，想去哪里就去哪里。学习是需要内心安静的活动，一颗躁动不安的心灵难以进入知识的海洋。学校是一个有自身严格纪律和规范的场所，遵守学校纪律是对学生的基本要求。种种要求都是一种对儿童天性的压抑,对自身需求的克制,从压抑和克制自己开始,苦涩的滋味在身心中弥漫。

这种压抑和克制,如同佛教徒的戒肉、烟民的戒烟、酒徒的戒酒,不会是轻松闲适的过程。

这其实就是一个修炼自身的过程。人生的修炼,从成为学生读书求学之时,就开始了。

他们必须风雨兼程,每日奔赴课堂,那是他们的校园,也是他们的战场,他们未来能否在人世间立足,就看在这个战场上能够储备多少生命能量,收获多少信心和技能。他们需要投入时间,付出巨大精力,像农民一样踏实耕种,书本就是他们需要精耕细作的土地;像工人一样与机器为伴,各种作业、习题和试卷就是他们需要日夜操练的机器。

在此过程中,他们必须忍受身体不适和心灵煎熬。

上初中后,我随父亲部队转业回到地方,转学到家乡最好的一所初中。由于水土不服,疾病丛生,特别是初三下学期,耳朵内部长满了莫名的疖子,日夜疼痛,夜不能寐,连续打针治疗了十余天都没有效果,眼看有继续下去的趋势。此时正是中考升学的关键期,而我原有基础水平在班上属于中下层次。已经有老师向父母建议让我休学一年。我断然拒绝了老师的好意和同情,捂着耳朵,强忍着痛苦,一边流泪一边背诵单词,硬是撑了下去。有一句话很贴近当时我的状态:一边哭泣,一边追求。

我的同学们也不比我轻松,有些农村来的同学,冬天衣裳单薄,买不起手套,手上长满了冻疮,天气稍热,就痛痒交加。可是他们没有人停下脚步,依然在寒风中,在书本上挪动着那一双红肿,甚至溃烂流脓的手……

学习过程中的身体之苦,莫过于中国古人的"头悬梁、锥刺股",今天这一情形已经很少见,但艰苦程度并没有实质变化,只不过受苦形式改变了而已。

除了克服身体的痛苦之外,还有绵绵不断的心灵煎熬。他们必须忍受学习中必不可少的失败、挫折,没有人在学习中总是一往无前。还有,教师的批评、偏见、冷眼,家长的焦虑催促,同学之间的相互竞争,都构成了内心煎熬,这样的煎熬还要持续十余年之久。学习历程是一场漫长甚至看不到尽头的战役,今天的世界已经需要"终身学习"、"终身教育"了。

无奈之下,许多人试图让艰苦的学习快乐起来。洛克就说过:

> 把身体上与精神上的训练变成一种娱乐,说不定就是教育上的最大秘诀之一。(洛克,1957)

这句话表面上说"快乐",实质上说的是"痛苦",他承认了学习的痛苦属性,背后的逻辑是:教育中的训练不是娱乐,所以才要力图变成娱乐。

即使这样,"娱乐"和快乐也是有限的。学习绝不可能变成轻松的闲逛。也没有任何一种"愉快教育"或者其他让学生体验学习快乐的做法,能够改变学习是艰辛劳作的属性。

学习是一种承担责任的过程,对父母的责任,对教师的责任,更是对自己生命的责任。放弃学习,就是放弃对自我生命生长的责任。责任就是压力,也是负担。"减负"不是"去负",减掉的是过多过重的负担,去不掉的是"负担"本身。对于学生而言,学习始终是一个不可推卸的"负担"。

去掉学习负担的人生,是生命不可承受之轻。

确实会有一些学生把学习当作欢乐,也的确有学生会体验到学习本身的欢乐,教师也有必要帮助学生寻找和体验更多的学习快乐,如获得新知的快乐、思维的乐趣,有快乐的学习总比没有快乐的学习要好。这是所有人都承认的事实。

但同样可以确认的事实是:不是所有的学习都是快乐的。也许学习的结果是快乐的,但学习的过程总是艰难的,成功的欢乐代替不了获得成功的艰难。

如果只是为了追逐快乐而学习,刻意回避痛苦的学习是浅薄的,注定难以持久,因为这是不现实的。如同我们可以希望人人都是美女帅哥,但不可能人人都是美女帅哥一样。

时常有人把育人和种树比较,从而有了以"树人"为名的学校。但在哪里种树,怎么种树却大有讲究。

有人在自家门口种树,一开始有规律地浇水施肥,后来逐渐改变策略,很长时间不浇水也不施肥。旁人不解,询问原因。种树者说,一般的树,都是在自然环境中生长的,所谓自然环境,就是有时会有水,有时则可能长时间的干旱,在这种自然条件下,会让树学会适应旱涝等各种灾害。按时浇水施肥,给予树的是一种人工环境,会让树生长得很舒服、很"快乐",但这样长大的树是经不起风雨雷电的。那些温室里的花朵,动物园里长大的野兽不也是如此吗?

主人刻意如此,恰恰是让树回归自然状态,让树自己去经历干旱考验,学习如何在干旱和没有外力添加肥料的环境下生长。

对待学生的学习也是如此。教师不应刻意去制造欢乐,更不要去为学习本身伪装快乐,这样的伪装经不起严酷现实的考验。我们需要还原学习的艰辛本质,让作为"学习者"的学生,学会在旷野而不是在温室里,获得汲取水分和营养的方法与能力。

只为快乐而学习,就会导致:没有快乐就无法学习;而人类的学习,怎么可能时刻都充满快乐?学生会因对浅薄"快乐"的追逐和享受而变得娇生惯养,这样的快乐恰恰变成对学生的伤害。

一个人最重要的学习能力,是即使没有快乐,也要有学习的冲动和勇气。

热爱学习,不只是热爱那种能够给我们带来快乐的学习,还要热爱那些给我们带来不适和痛苦的学习。

教师的智慧,就在于寻找一种平衡:既帮助学生寻找和体验学习的快乐,又要让学生在学习过程中养成吃苦耐劳的能力和习惯。

陶行知早已有类似的看法:

必使学生得学之乐，而耐学之苦，才是正轨。若一任学生趋乐避苦，这是哄骗小孩子的糖果子，决不是造就人才的教育。（陶行知，1981）

只有体验到学习艰辛，习惯于把学习当成劳作，同时又善于"苦中作乐"的学生，才可能适应未来人生的挑战。

教师常识：做享受职业尊严和欢乐的创造者

31. 教师是创造者

在我从小绘制的"理想蓝图"和"职业选择"里,教师从来不是我的"选项"。但最后我接受了命运的安排。

为激发我们对教师职业的热爱和教育激情,许多人描绘了一幅有关教师的画卷,常见的关键词无非是:伟大、崇高、神圣等等。这种高大形象显然与老百姓眼中的教师形象有太多差异。大众眼中的教师形象复杂多变,不少让人沮丧不堪。

美国19世纪小说中有如下对教师的描述:

> 他们渐渐衰老,但是并不幸福,他们富有爱心但是自身却得不到爱,他们有需要但却得不到满足,他们永远是把生命奉献给其他母亲的孩子的教育的陌生人,随着岁月的流失,他面露倦容,对事物愈加敏锐,感情日见淡漠,他在课堂上是位独裁者,而在社区则是位隐士,一旦她们接受了作为学校女教师的角色,也就等于接受了老处女的角色,她们默默地为自己所遭受的无法言表也无法理解的痛苦和挫折寻求着答案……在美国小说中,男教师常常是伛偻着身子、骨瘦如柴、面色阴沉、疲倦;他身着褴褛的衣衫,故作优雅,过时了的服装松垮地悬挂在他营养不足的骨架上……简言之,他们在成功地作为一个教师的同时,注定不会成为一个合格的男人和女人。(郑金洲,2003)

这样的形象何等凄惨!

教师是为学生一生幸福生活奠基的人,但自己却没有幸福感,换来的反倒是一大堆痛苦。

教师被谆谆告诫要爱学生,苏霍姆林斯基满怀真情地呼吁:"要将全部心灵献给孩子。"但却没有多少人真正热爱教师。

教师也是人,普通人有的正常需要,他们也有;但很多时候,因为做了教师,许多需要不能满足,必须"克己复礼",时刻保持教师威严和风范,赞可夫言之凿凿地告诫:

> 教师这门职业要求于一个人的东西很多,其中一条要求自制。在你叫喊以前,先忍耐几秒钟,想一下:你是教师,这样会帮助你压抑一下当时就要发作的脾气,转而心平气和地跟你的学生谈话。(赞可夫,1980)

教师不仅压抑自己的"脾气",还需要压抑自己的欢笑,不能随意表达自己的喜怒哀乐。在这个意义上,甚至可以说,"教师"是需要压抑人性的职业。

教师平日的忙碌劳累,旁观者无法想象,更难以体会,他们把主要的时间精力都献给了学生,但自己的孩子常常无力顾及。某上海教师到甘肃支教,被当地老百姓盛情挽留多年,支教期间自己的女儿生病、结婚、生子,她都无暇顾及……

教师在学校里、在课堂上呼风唤雨,说一不二,威风八面,但回到自己所在的社区之后,人微言轻,被归入弱势群体。

男、女教师,性别不同,遭遇相同,各自的形象口碑、社会观感明显不佳,女教师嫁不出去,男教师的悲惨形象也注定难有幸福的姻缘,教师成为剩男剩女的高危人群,职业上成功的同时,是人生的失意甚至失败。

这样的教师形象出现在小说中,是意味深长的,19世纪的小说还是以现实主义文学为主流,注重对社会现实的反映。这说明,当时的美国人民就是这样看待教师的。

中国人民不这么看,他们眼中的教师具有神话般的理想色彩,在一首被广为传唱的歌曲《长大后我就成了你》中,这样唱道:

小时候，

我以为你很神秘，

把所有的难题变成了乐趣，

我以为你很有力，

你常常把我们高高举起。

长大后我就成了你，

才知道那块黑板，

写下的是真理，

擦去的是功利；才知道那个讲台，

举起的是别人，奉献的是自己！

但教师自己不这么看，华丽的画卷、优美的词语遭遇到沉重现实的打击：

师德，一顶光彩夺目的高帽；课堂，行走在爱与痛的边缘；作业，勾叉间细数着无奈；评价，无法拒绝的教育之重；家长，期望厚重如山；职称，疼痛的阶梯；培训，花钱买罪受；假期，读你千遍没味道；福利，多多益善梦难成；科研，想起来总是那么遥远……

的确，今天做教师的都有一个共同的感受：当老师真难！

通观三种形象，表面的差异掩盖不了实质的相同：教师是牺牲者、奉献者，他寄托并安眠在"蜡烛"这一意象中，最经典的解释是：燃烧了自己，照亮了别人。

社会对教师的这些角色期待，日积月累内化为教师的自我角色期待。这样的角色安排，造成了一种人为的对立：教师幸福和学生幸福的对立。两种幸福之间的关系成为一种非此即彼式的二元关系：

学生的幸福，是教师牺牲自己的幸福换来的。

教师必须牺牲自己的幸福,才能为学生赢得幸福。

教师注定是无法拥有自己的幸福的,如果有幸福,也是寄托在学生身上。学生幸福,教师才能幸福。

这种教师形象已经累积为一种常识,积淀成为教师的文化人格。

联合国教科文组织在《教育——财富蕴藏其中》这份报告中,提出了具有颠覆性的观点:

> 假如把牺牲性的行为看成是只对别人有意义而对自己毫无意义的行为,这恰恰意味着自己只不过是一件工具而不是一个显示着人的价值的人,如果一个人自身是无价值的,那么他所做的牺牲也就成为无道德价值的贡献。(国际21世纪教育委员会,2005)

教育是一项艰辛沉重的事业,它需要教师作出适度牺牲,没有牺牲,就不会有真正的教育,更不会有伟大的教育。然而,这样的牺牲是有限度、有底线的,不能以牺牲教师独立的生命意义和生命价值为代价。所谓"独立"意味着,除了将自己的幸福建立在学生幸福的基础之外,教师还应该拥有自给自足的幸福源泉,这一源泉不在学生,不是由于学生的成就而有了价值,也不在任何"他人",不是因为他人的赞美和奖赏而有了价值,它只存在于教师自己的生命之中,存在于教师自我和教育事业的内在关联之中。

教师的牺牲,可能带来两种结果:一是喜剧;二是悲剧。作为喜剧的牺牲,同时为学生和教师带来幸福,后者的幸福一定包括自给自足的幸福。作为悲剧的牺牲,教师的生命沦为学生生命生长的工具,却牺牲掉了作为人的价值和尊严。

教师的尊严和欢乐从哪里来?不在于学生的幸福,不在于任何人的同情、恩赐和赞美,而在于自身教育生涯中的创造。

作为创造者的教师,是直面生命生长、迷恋生命生长、研究生命生长和促进生命生长的人,是赋予并创造学生精神生命价值的人。教师因此而成为除父母之外,学生生命生长中最重要的他人。在此过程中,教师创造了丰富多样的唤醒孩子灵魂,促其灵魂生长的教育方式,它们凝结为独特的教育思想和教育经验。

作为创造者的教师,还是创造自我生命价值的人。教师的生命价值不依靠别人的赞美歌颂而来,也不只是因为创造了学生的生命价值而来,教师若能把教育的过程变成丰富自我、滋润自我、提升自我生命的过程,变成一个不断告别旧我,创造新我的过程,就实现了自我的生命价值。

当教师的尊严不是外在力量的赋予,而是来自于创造中的自我给予,教师的欢乐,不是来自于外在物质的丰富,而是来自于自我内在生命的丰富的时候,教师的生命,就是有内在价值的生命,就是真正得解放、得自由的生命。

32. 教师是熬炼教育智慧的人

我习惯于把教育的过程,当作体验人生、品味生命的过程。

我的生命延续至今,人生该有的甜酸苦辣都在教育生涯中依次上演,我逐渐感悟到:

人的一生是修炼的一生。

修炼并不必然意味着远离大众,逃避喧嚣,躲到偏远僻静的寺庙堂宇中做专业"修士","大隐隐于市"只是一种可能,"日修修于世"却是必然。

每个人都在不同的职业岗位,不同的人生阶段修炼自己的德性、识性和耐性。

"修"即修改,修正,它是一个持续调试的过程。

　　一个爱琴如命的琴师,他会何等喜爱他的琴!他把它抱在怀里,抚它,偎他!可是,你也能看到他是如何调整琴的琴弦。他紧紧地抓住它,用力在弦上拨音。弦立刻震颤,好像痛极而泣。他侧耳闻之,觉得弦音粗浮,还不是他所要的音阶。于是他继续绞,弹拨再三,直到它发出清脆和准确的音来。这时他脸上露出笑意,点头满意。(考门夫人,2008)

"生命"就是这样的琴,教师每日的修炼,就是把学生和自我这两种生命之弦交替抱在怀里,拨动琴弦,谛听音调,再调整心弦,直到它奏出的声调优美、和谐、动人。

这个过程是艰难的,琴弦由很多根组成,各有各的音调,要弹出统一且需要不断创新的音律,并不是容易的事情。中间会经历苦痛、疲惫、失败、崩断、击打,还有一次次的推倒重来……

这是一个何等煎熬的过程,"修炼",其实就是"熬炼"。

钢铁是怎样炼成的,最恰当的表达或许是:钢铁是怎样熬成的。《敬畏生命》的作者史怀泽说:

> 我们应该达到的成熟,是我们不断磨砺自己,变得日益质朴、日益真诚、日益纯洁、日益平和、日益温柔、日益善良和日益富于同情感。这是我们应走的惟一的道路。(史怀泽,2006)

如此磨砺出来的人格,必然是伟大的人格。这也必定是熬炼的过程。

有人说"伟大"是熬出来的,岂止"伟大的人生"是熬出来的?哪怕"卑微的人生"也是需要熬的人生。

被侮辱、被歧视、被轻视、被伤害需要熬,被赞美、被歌颂也需要熬;

痛苦、挫折、失败、哭泣之时需要熬,人们常常是一边哭泣,一边寻找,一边行走;

收获、幸福、成功、欢笑之时也需要熬,强压住因欢笑而颤动的肩膀,冷却炽热欲沸腾的血液,把目光冷静地投向未来。

能够熬得住的人生,就有希望,熬不住的人生就是绝望。

无论修炼,还是熬炼,都有一个试图炼成的目标。

教师的"熬炼",指向的是教育智慧。

忍受了无穷无尽的煎熬之后,教师在他的生命舞台上,也就是讲台上,熬出的是"教育智慧"。

如果人的生命有境界,"智慧的人生"理应是被共同认可的最高境界。教师的最高境界,就是拥有了"教育智慧"。

对"教育智慧"的解读体现了教育智慧的无限丰富性:

"与学生同乐的智慧,就是教育的大智慧";

"教育智慧,首先是发现儿童的智慧";

"教育智慧,就是教师实践智慧。它是指教师对教育合理性的追求,对当下教育情景的感知、辨别与顿悟以及对教育道德品性的彰显";

"智慧的老师:把自己当成学生;把学生当成自己;把学生当成学生;把自己当成自己。"

与上述理解相比,叶澜对教育智慧的解读更加具体:

> 它是教师通过实践探索、积累而形成的专业素养的高级阶段。形成教育智慧的教师,具有敏锐感受、准确判断生成和变动着的教育实践中最有价值的新鲜信息的能力,具有敢于抓住时机,根据实际态势及时作出抉择的魄力,具有善于转化教育矛盾和冲突,调节自己的教育行为以求最佳效果的机智,具有吸引学生积极投入学校生活,热爱学习和创造,并愿意与教育者进行心灵对话的魅力。达到如此境界的教师的教育劳动,必然进入到科学和艺术结合的境界。(叶澜,1999)

智慧的境界就是创造的境界,熬炼到此时的教师,他的工作将充满创造的智慧和欣喜,在辛勤付出的同时,也能感受到精神的满足和享受。

教育智慧从何而来?

它首先来自于教师的内心。没有任何一本书,任何一门课程,可以直截了当转化成教育智慧,课程只能"告知"智慧,但不能"变成"智慧,无法替代智慧在教师内心中生长的过程。教育智慧只会从内心生长出来,"内心"是爱心、童心、耐心、细心的融通,是思维的深度、广度和高度的整合,是一种自我审视、自我更新的习惯。

教育的首要工作是了解学生是谁。这是被很多教育者遗忘了的工作。但还存在着另一种遗忘,即对自我生命的遗忘。一个教育者可能会以自我中心,但这并不意味着对自我生命的透彻了解。那个牢固不可破的自我生命的中心,时常是被空洞化和抽

象化的中心。面对着学生,教育者在学会追问"你是谁"的同时,还需要转向自身,"我是谁"。就像诗人杨键所说的那样:

> 时常,
> 我必须放下它,
> 来精研我的存在,
> 不管身处何世,
> 我都不能使它模糊不清。

教育智慧还来自于每天面对的学生,它是教师和学生在教育活动中相互撞击而产生的创造性的火花。

教育智慧更来自于每天日常的实践。教育智慧主要不是理论智慧、思想智慧,而是实践智慧。

实践,就是那双弹动生命琴弦的灵巧勤劳的手。

33. 在师生相互提升中实现教学相长

如果世界上真的有缘,教育者与受教育者构成的师生之缘,可能是人生最重要的缘。它远比婚姻之缘、朋友之缘更为持久和巩固。这个人今天是你的爱人,明天可能就成为别人的爱人;今天的朋友,可能就是明天的敌人。但这个人是你的老师或学生,从此一生都是你的老师或学生。在宇宙天地间,从此他们彼此就是师生关系了。这是洗不掉的烙印。

在我已有的人际交往中,学生始终是最真诚、最让我触发感动的人。每次课堂教学中,每周的读书会上,他们的灵魂与我的灵魂发生了交集,生成的是真思想,更是真性情、真情谊。此刻,他们的眼中有光。在这样一个功利主义盛行,人心愈加深不可测的年代,最纯粹的交往是与学生的交往,最纯美的体验是师生交往的体验。

教育就是召唤和应答,是教育者与受教育者的相互召唤和相互应答的过程。人间的教育,常常听到的是没有应答的召唤和没有召唤的应答,看到的是听不到召唤或应答的焦虑和失落。

在中国最早的一部教育著作《学记》中,有一条世代相传的教育常识:

> 学然后知不足,教然后知困。知不足,然后能自反也;知困,然后能自强也。故曰:教学相长也。

这一常识的核心就是"教学相长"。我把它理解为教师与学生相互促进彼此生命的互动式生长。

师生的关系是互动式的关系,是相互召唤与应答,彼此挑战与应对的关系。

教师通过他的教,用知识召唤学生踏上教育目标预设的生命的生长之路,这不是一条平坦的大道,而是一条崎岖陡峭的山路,教师召唤学生一起去攀登。山顶的高度,山路的漫长,过程中的艰险,对尚处在未成熟状态、懵懂无知的学生而言,是一个极大的挑战,他必须对此作出自己的应答,采取相应的行动。

学生通过他的学,用求助的眼光和言语召唤教师及时准确的应答,遇到路障,需要教师的排解;遇到危难,要求教师的化解……在和教师一起行走的漫漫路程中,学生的种种需求处处挑战着教师的知识储备、德性涵养和坚忍意志。

《学记》中所言的教师的"困"和"自强",来自于学生的挑战。

学生逐渐被唤醒,且日渐生长壮大的灵魂,构成了对教师的重大挑战:

面对那不断上升的逐渐蓬勃强壮的灵魂,教师自身的灵魂是否配得上,是否跟得上?

有一本书叫《教学勇气——漫步教师心灵》,其中说道:"教学滋养人。"我们很容易把这里的"人",解读为"学生"。意思是:教学滋养学生的心灵。任何一个教师,当他站在学生面前的时候,都需要回答一个问题:我准备给学生什么样的精神滋养和精神生活?比如,丰富、优雅、有品位、自主自觉和强健有力的精神生活。

但与此同时,教师还需要清楚地回答另一个同样重大的问题:在我给学生这样的精神生活之前,我自己是否拥有同样的精神生活?我的精神世界是否丰富、优雅、有品位、自主自觉且强健有力?如果我自己都没有,何以给我的学生?

还可以进一步自问:我是否拥有配得上教师这个职业特有的精神生活?

很多年以前,作为初任教师的我看到了一幕让我终身难忘的场景。在一个阴暗潮湿的下午,我很早就来到学校会议室,准备参加自己平生的第一次教工例会。我带着好奇的眼光打量着陆陆续续走进来的同事们,其中有不少是我中学时代的老师,可以称得上是自己的恩师了。然而,此时的我却产生了一种很不好的感觉,我突然觉得这些过去可敬可爱的老师,怎么一个个显得木头木脑、土头土脑、呆头呆脑、几乎是僵硬着身子挪进来?包括那些青年教师,大学期间原本生龙活虎,怎么教了几年书,不仅灵气全无,而且活气也随之消散了,眼睛变得毫无神采,使我不由想起晚年"闰土",也不由得担忧起自己的命运……

如果一种职业不是让人愈发活力充沛,而是愈发消沉萎靡,那就的确要忧惧这个职业本身了。这是我当时的想法。现在看来,我犯了一个错误:将问题归之于教师这个职业。于是,两年后我离开了教师岗位。

如今的我,已经不再把教师职业作为问题的症结。关键还是在于教师自身,在于教师的精神世界。有的教师,随着年龄增长,教龄延伸,自身精神世界没有因此产生叠加和累积效应,没有变得越来越充实丰厚,而是变得越来越平庸、干瘪。所以如此,是因为他们只是把教学当做一个滋养学生精神和灵魂的工作,但没有把教学视为一个可以滋养自我、丰盈自我生命的事业,而是当作耗散精神储存,消耗生命能量的职业,更没有把与学生生命的交往视作一个滋养自我生命成长的事业。

教学滋养学生,也滋养教师,学生与老师在教学中相互滋养、相互提升。

这种相互滋养表明了一种真实的教育发生过程:

教育者和受教育者互相往对方灵魂深处放置铁铲,采掘对方资源,随后将采掘之物倾倒回自身,进而开始熔炼的过程。每个人的生命品质和精神品质的高低厚薄,取决于他在这一过程中采掘熔炼的数量和持续时间的长度。

教师需要这样的自我追问:

我有没有通过从事教育工作,通过与学生的交往互动,而使自己的心灵越来越广阔和从容?如果没有,一定不是教育出了问题,而是我自己出了问题。

有此滋养意识、采掘意识和追问习惯的教师,会把学生当作学习的对象,他总是希冀从学生那里获得新的精神元素,将自己的精神生活和学生的精神生活勾连成不可分割的精神组织,互为根基,彼此驻扎在对方的心灵深处。在这样的组织里,教师和学生共同呼吸精神的清新空气,共享生命成长的微妙命运。

教师的精神生活的独特性在于他是活在学生的精神世界之中,活在每一次教育教学过程之中,活在每一个教育细节之中。教师精神生活一定是活出来,不是想出来,也不是读出来和写出来的。教师的精神一定是"做"的精神,而不只是"知"的精神。

这样的教师,喜欢开放自身,向包括学生在内的整个世界敞开自己,并且把敞开的过程变成吸纳、转化所有外在资源的过程,变成与学生相互构筑精神根基,相互玉成的过程。这种敞开的过程,就可能变成教师精神生活成长的过程。

34. 学会享受教学

我第一次走上讲台的时候,角色是实习生。像大多数新教师一样,之前做了大量但并不周密完善的准备。备课本写得满满的,几乎把要讲的每一句话都写上了。上课的过程,就是背教案的过程,而且很快就背完了,离下课时间还有 20 分钟。当时是怎么熬到下课铃响的,我已经记不清了,隐约记得是通过"连珠炮式"地提问学生来实现的。

这不是一次成功的教学,但却是一次让人激动的经历。这种激动从头天晚上一直持续到课后的相当长的一段时间。课间学生把我团团围住,用各种眼光审视着新老师,用稀奇古怪的问题询问着我。显然,我唤醒了他们对教师的兴趣。

半年实习期是一段愉快的经历,我始终有种享受过程的感觉,并因此对未来的教师生涯满怀憧憬。

当我正式成为一名教师兼班主任的时候,一切都变了。琐碎的工作、繁重的教学、身心的疲惫,如潮水般涌来。尽管我工作第一年就被评为县"优秀班主任",但我并不快乐。最"痛苦"的时光,是每周日晚上,一想到明天要面对吵闹不堪的学生和必须步入的课堂,涌起的是一种渗透了恐惧的烦恼。为远离这种恐惧,我逃离一般地离开教师岗位,我已经厌烦了教学这个工作。

多年以后,当我重返教学岗位,在一次讲座的提问环节中,有老师带着"搞理论的不了解实践"的预设,问我:你是否知道我们平时有多忙,有多累?几乎没有休息喘气的时间……她的语气充满了哀怨和疲惫。

我怎么会不知晓教师的苦和累呢？她的抱怨也是我当年的抱怨。每一个有实际的教育经历的人，都会感同身受。

但抱怨解决不了任何问题。这样的抱怨本身也有问题。

这样一个竞争激烈的时代，哪个行业不忙不累？每个职业都有每个职业的忧心恐惧。哪怕大众趋之若鹜的"公务员"，其压力和重负也是很大的。很多调查报告表明，中国的官员群体的身心健康存在很大的问题，远高于其他群体。

教师的身心健康问题同样严重。没有一项教育改革，能够让教育工作变得轻松闲适，让教师这个职业成为舒适宜人的职业。这是教师的职业性质决定的：教育注定是一项艰难沉重的工作，因为它要培育人格和启迪智慧。

既然我们改变不了教育职业的劳累属性，不妨换个角度思考，换个心态工作。

既然"累"是不可避免的命运，令我们无所逃于天地间，那么接下去要做的就不是一味地抱怨，而是转而思考：

如何让教育之"累"，累出效率来，累出品位来，累出成长和发展来，累出创造和智慧来？

不妨自我反思：是不是我过去的累，很多是效率不高的累，是低品位的累，是没有成长发展价值的累，更是没有创造和智慧的累？

转换角度后的思考，带来的可能是心态的转变：不再以抱怨的心态，而是以享受的心态从事教学。

如果怀着抱怨的心态，就会唉声叹气备课，满腹牢骚走进教室，愁眉苦脸走出教室，带着"恨铁不成钢"的心情批改作业，无疑是累上加累。

如果以享受的心态和眼光对待教学，就会发现课堂教学充满了"享受"：

当我因为认真备课，细致钻研学生，上出一堂好课，学生有所得有所悟，并绽放出喜悦笑容的时候，我就在享受教学了。

当我激发了学生的兴趣，使他们产生了求知的乐趣和快乐，眼睛透出求知的光芒的时候，我就在享受教学了。

当我感受到学生的生命生长气息,品味到学生生长欢乐的时候,我就在享受教学了。

当我发现自己的生命,因为教育工作得到了滋养,我的灵魂变得与众不同,我的生命价值得到体现和提升的时候,我就在享受教学了。

学会发现教学中每一个值得感动的瞬间,每一处可以享受的细节;这样的教学,不仅充满了欢乐,也必定具有滋养教师生命的价值。

教育常识

35. 教师一句话，影响人一生

教育具有改变人生的力量。力量的源泉之一，是教师的语言，这种语言具有促进生命生长的力量。

教育即唤醒，唤醒的途径，也是教师的语言。很多时候，教师无需长篇大论，滔滔不绝，"一语点醒梦中人"，是对教育最高境界的典型表达。

"我一看你修长的小拇指就知道，将来你一定会是纽约州的州长。"一句普通的话，改变了一个学生的人生。

此话出自美国纽约大沙头诺必塔小学校长皮尔·保罗之口，话语中的"你"是指当时一名调皮捣蛋的学生罗杰·罗尔斯。小罗尔斯出生于美国纽约声名狼藉的大沙头贫民窟，这里环境肮脏、充满暴力，是偷渡者和流浪汉的聚集地。因此，他从小就受到了不良影响，读小学时经常逃学、打架、偷窃。一天，当他又从窗台上跳下，伸着小手走向讲台时，校长皮尔保罗将他逮个正着。出乎意料的是，校长不但没有批评他，反而诚恳地说了上面的那句话并给予语重心长的引导和鼓励。

当时的罗尔斯大吃一惊，因为在他不长的人生经历中只有奶奶让他振奋过一次，说他可以成为五吨重的小船的船长。他记下了校长的话并坚信这是真实的。从那天起，"纽约州州长"就像一面旗帜在他心里高高飘扬。罗尔斯的衣服不再沾满泥土，罗尔斯的语言不再肮脏难听，罗尔斯的行动不再拖沓和漫无目的。在此后的40多年间，他没有一天不按州长的身份要求自己。51岁那年，他终于成了纽约州的州长。

我们不知道,此后保罗校长有没有继续教育罗尔斯,但有这一句话就够了,足以改变似乎已经不可救药的罗尔斯。闻听此言的罗尔斯"大吃一惊",这句话像当年的奶奶一样使他"振奋"。目前他成为"不良少年",或许是他听到的大多是使其沮丧、消沉甚至厌恶的话,如此使他振奋的话太少了。"振奋"的结果就是唤醒了他的自我认知和自我期待:我不是一个只能逃学的小混混,我是未来的州长。进而唤醒了他改变自我的勇气和行为,从此"按州长的身份要求自己"。

保罗校长的教育人生,应该说过无数与教育有关的话,但没有一句可以跟这句话相比,这是一句充满了唤醒力因而具有教育力的话,有了这句话,他就完成了自己的教育使命,他的人生可以成为无愧的人生。

同样可以感到欣慰的,是中国速算大师史丰收的小学数学老师。

在他教乘法的时候,史丰收一直坐立不安,好问的天性使他最终大胆地站起来,提出了一个问题:

"老师,为什么乘法只能从右往左算,不能从左往右算?"

这回大吃一惊的是教师。他教了这么多乘法,还没有人提出这样一个问题。他沉默了一下,带着笑容说了一句话:

"这样吧,你自己去试试吧。"

后来的史丰收回忆:就是这句话让他成为速算大师的,它唤醒了史丰收探索、创造的热情和勇气。

如果老师说出的一句话,能够伴随学生的一生,能够影响、塑造和改变学生的一生,这是教师幸福的最高境界。

36. 教师最重要的学习能力是现场学习力

在教师的经验财富中,"教学记忆"必不可少。

对记忆的唤醒和诉说,是教师重建自身的重要途径。"教育叙事"就是唤醒教学记忆的一种方式。

有一年,我到上海某区教师进修学校给教师上课,这是继续教育性质的培训,教师轮流参加培训,获得学分,凭此学分晋升职称。

第一天上课,我走进教室时感觉很不好,有一些不正常的举动弥漫在课堂上:女老师们是带着毛线来的,一边织毛衣一边听课。长年所受的宽容教育,使我渐生"宅心仁厚"之情,对人总往好处想:她们可能是想把我讲得每一句话,都织进毛衣里去。

但这种不好的感觉不会很快烟消云散。毕竟任何一位教师上课,如果台下学生集体打毛衣,都不是一件幸福美妙的事情。我那天终于没有忍住,说了一番发自肺腑的话:

教师是做什么的?是在课堂上教别人爱学习、会学习的人。

这是我们天天要做到的工作,但我们自己呢?我们自己爱学习、会学习吗?

如果我们自己都不爱学习,也不会学习,如何有脸面、有资格去教学生爱学习和会学习?

如果此时此刻,学生就坐在教室里,亲眼目睹他们的老师一边听课一边织毛衣……

我的话音一落,她们展现了不同的表情:吃惊,茫然,不屑,漠然……

目睹这些老师麻木、冷漠的面容,我的感觉是心痛,为他们的学生而心痛,为学生的未来忧心:也许多年以后,走出校门的同样是一些麻木、漠然的脸庞,里面藏匿的是冷酷的灵魂。

乌申斯基曾言:

> 在教育中,一切都应以教育者的人格为基础,因为只有人格才能影响人格,只有人格才能形成性格。(乌申斯基,1951)

教师对学生的教育影响力,根柢是人格影响力。人格不是抽象的,教师的一言一行,一举一动都是人格的具体体现。是否热爱学习,善于学习,也是教师人格的一部分。那种对学生大谈学习,但自己却不爱学习的教师,是没有教育人格的教师。

学习是为了丰厚教师的积累。如果年轻时比的是聪明,随后比的就是积累,一个教师积累的厚度和深度,决定了他职业生涯的长度。

教师需要有三大积累:阅读积累、实践积累和写作积累。能否实现积累,不仅取决于时间、精力的投入,更取决于习惯,尤其是有无阅读习惯和写作习惯,这是许多成功教师的秘诀:在极为艰苦忙碌的教学之余,他们养成了阅读习惯和写作习惯,有了"学习自觉"。而有些不成功的教师,只会抱怨自己多么忙和累,没有时间和精力看书学习。

新儒家代表人物牟宗三,年轻时学过文学、社会学、法学等很多学问,但都逐渐从他的生命中流逝了,最终他的治学落脚到了"哲学"。晚年回顾这段学术历程时,他感叹道:"不是自己生命所在的地方,就不是真学问。"那些使他激动过的学问为什么一个个从生命中流走,只是因为它们没有进入其生命的内核,没有成为生命所在的地方。

在教师的学习历程中,什么是教师生命所在的地方?怎样才能让所学之物进入教师生命的内核?需要什么样的载体来安放教师的求知热情?

这就是"教育现场"。教师的学习能力,最重要的是现场学习力。

中小学教师不可能再像大学生、研究生或高校教师一样,可以坐拥书城,在书斋和图书馆中学习,他们大量的时间是在教育教学的现场。至少有四种类型的现场:

教师自己每天的教学现场。我们能否把自己的教学现场作为学习反思的对象,让这样的教学日日滋养自我?

同行教师的教学现场。如其他教师的公开课、研讨课、观摩课现场,我们又能够从中学到什么?普遍的听课状态是心不在焉,心神摇荡不止……

学校教研组、备课组日常教研活动现场。这是教师参加的最具有日常性的活动,包括集体备课、读书沙龙、专题研讨等多种活动形式。这样的学习活动到底对我们的教学有多大的提升?

各种培训、讲座现场。如何避免"听的时候很激动,听完很平静,回去很麻木,一动也不动"?

同样置身于如上现场之中,不同教师的收获大不相同,区别在于每个人的现场学习能力的差异。

良好的现场学习能力表现为专注力、捕捉力和转化力。有这些能力的人会带着两种东西进入现场。

一是钉子。我曾经陪同导师叶澜去听课。听课过程中,我的手机短信、电话不断。她马上提醒我,既然在听课现场,就要全神贯注。她听课时,手机处于关闭状态,听课笔记从头记到尾,她的注意力牢牢"钉"住教师和学生在课堂上的一举一动,不放过每一个细节。这就是"专注力"。

二是钩子。努力把现场中涌现的有用资源"钩"出来。有的钩出了珍宝,有的钩出的则是不值一提的草芥,此谓"捕捉力"。把有价值的东西钩到笔记本上和自己的脑海中,依然不够,还要"钩"到日后的教学过程中,变成具体的教学行为。这叫"转化力":把听到的上出来,把上出来的说出来,把说出来的写出来。这种"转化力"是教师现场学习力中最关键的能力,它集中体现了教师学习的宗旨:

"为转化而学习。"

这种具有现场意识和现场自觉的学习,是最符合教师职业特性的学习方式:为现场的学习,在现场中学习,回到现场的学习。

37. 做现实的教育理想主义者

在我四十岁生日那天,收到妻子的贺卡,上面写道:

"祝贺你今天进入了四十岁的人生门槛,从今天开始,你要多为自己的民族和国家多想想事情,多做做事情了。"

手捧贺卡,我有些发愣,没想到这个在我眼里主要关注衣服、化妆品等购物活动的"小资"太太,竟然会对我提出这样的"高要求"。如果进一步解读,这句话似乎还有别的"深意":过去的我,所思、所想、所行,是不是只为自己考虑,很少为我的民族和国家考虑?

无论如何,这是我不愿意承认的。四十年的人生熬炼,经历过许多磨难,也获得过些许成功,留下过太多遗憾,发生过诸多变化,但唯一没变的是我的理想情怀,是对伟大、神圣事业的追求。我时常被这样的情怀所感动:

1. 人是缺乏逻辑、不讲道理的,但还是要爱他们。
2. 做好事,别人会说你动机不纯,但还是要做好事。
3. 成功带来敌人,但还是要成功。
4. 坦诚让你受到伤害,但还是要坦诚。
5. 建设是脆弱的,但还是建设。
6. 你帮助的人会攻击你,但还是要帮助他们。
7. 君子会被小人击倒,但还是要做君子。

这是一种人生理想,当然,它只存在于少数人的精神世界之中。

我更愿意把上述理想视为对教师素养或修养的要求。不过,它首先是我自己的追求。

这并非说明我多么高尚,更不说明我已做到,只是因为我从事的"教育"这一事业的性质使然。教育是一个由"理想"牵引的事业,理想总是面向未来的理想,而教育始终是面向未来的:为未来更完善的个体生命,更幸福的生活而教育,为未来更美好的社会而教育。

理想的特质是对现实的超越,它总是先于并高于现实。所谓"现实",就是理想的前在状态,是理想需要改变、需要超越的对象。

所有的教育思想或者教育理论,都是一种有关教育的理想;所有的教育家,都拥有自己的教育理想,他们从事的是"为理想的教育"。这样的教育,对于"为什么教育"有既清晰又高远的认识。平民教育家晏阳初的教育理想可以归结为:为了让人们有免于无知的自由而教育。他的教育理想超出了民族和国家的界限。曾经有美国记者采访晚年的晏阳初,夸赞他的教育改革对"中华民族"的贡献,他马上回应道:"我的教育,是以'世界'为单位的。"以此说明他一生的教育改革,以"中国人"为起点,但却以"全体人类"为归宿。

并不是所有教育者都有自己的理想,看重现实可能是不少教育者的选择,他们从事的是"为现实的教育"。这些教师也对"为什么教育"有自己的认识,但大都归结为"为生计的教育"、"为分数的教育"、"为升学率的教育"和"为荣誉的教育"等,这些基本上属于外在的教育目的。我们不应对这样的教师一味指责,相反需要报以同情式的理解,教育需要理想,但教育世界不是一个不食人间烟火的世界,它总是在现实生活中的教育,涉及到人的种种现实诉求。更何况,这是一个理想主义被蔑视和现实主义盛行的时代,人无法完全脱离他所处的时代。

但这并非是教育可以无视理想的理由。如果一个人只顾眼前,那就很可能意味着他的一生只有眼前,没有未来。

如何解决理想与现实的矛盾?叶澜提出,做一个"现实的教育理想主义者",是一条切实可行的道路。

这样的理想主义者，会把眼光从遥远的天际拉回，回到现实，直面现实。他不会逃避现实，而是扎根现实提出自己的"教育理想"，避免提出一些虚无缥缈、不切实际的理想，他关注的是"如何让理想更实在？"——这是他与纯粹的理想主义者最大不同。

在理解现实、尊重现实的同时，这样的理想主义者又不会屈从于现实，不满足于只是抱怨现实，而是以扎实的行动去努力改变这个并不美好的现实，他考虑的是"如何让现实更美好？"——这是他与纯粹的现实主义者最大区别。

我们的周遭充满了对教育现实的抱怨和批评，站满了指手画脚、冷眼旁观的教育看客和教育批评家，这样的批评家，是另一种意义上的"理想主义者"——只会看现实，不会改变现实。面对已有现实，他的声音是强有力的；但面对未来的现实，却只能发出微弱、苍白、空洞的声音。

我们时代最稀缺的是置身于教育现场和教育工地的"教育建筑师"。这是两种不同意义的"置身"：置身于现实的抱怨和置身于现实的建构。

当我作出如此评述时，实际上也是对自我的一种提醒，作为多年痴迷于书本，隐身于书斋中的所谓"学者"，更容易被虚飘无根的理想主义所迷惑。

很多年前，我应邀去四川做报告，休息间歇，一位瘦弱的老教师走过来与我交流，他先把我"恭维"了一番：李博士，您讲得真好，真有道理！这句话满足了我的一种渴望被肯定、被褒奖的"人性需要"，我因此而"绽放"出幸福的笑容，但我显然被假象"忽悠"了，他的夸奖其实是一种必要的"铺垫"，随后他话锋一转，倾倒出他最想说的一句话：

"您讲得的确有道理，但我觉得，大多是真空中的真理。"

我的笑容立刻凝固了。

为什么我讲出的只是"真空中的真理"？我该如何把"真空中的真理"、"实验室里的真理"，变成现实中的真理和大地上的真理？变成教师日常生活中能够转化和运用的真理？

这一切的答案依然在于：做一个现实的理想主义者。

38. 用理论的方式表达经验

教师最丰富的精神宝藏,是多年熬炼出的教育教学经验。不是所有的经验都有价值,要让经验发挥更大价值,需要梳理总结,需要恰当的表达方式来展现经验,让更多的人分享。

表达经验的方式有两种:用经验的方式表达经验;用理论的方式表达经验。

用经验的方式表达经验,集中在表达"怎么做",即"做法"的总结上,是用具体的做法、案例和感悟来表达的经验,辅之以细节性的教学场景、教育故事、课堂事件等载体。这种方式的好处是具体、生动、形象。毛病在于容易流于零散、琐碎、肤浅,沦为"一地鸡毛式"的絮絮叨叨,最核心的主题和价值被湮没其中,而且无法回答深层次的质疑:你为什么要这么做,而不那么做?如此做法有何正当依据?习惯于经验方式表达经验的老师,要么张口结舌,要么继续用别的做法、别的故事、别的事件来回答,即还是用经验来阐释经验,有人形象地称之为"萝卜炒萝卜,还是萝卜"。

用理论的方式表达经验则不然,它是对"做法"的系统反思和重建,它试图谈出"做法"背后的"想法"和"依法",以期为"做法"提供可靠的设想及其依据作为支撑。总之,它是对"做法"、"想法"、"依法"的系统综合式的提炼和总结。这就不再是顾冷沉所言的"萝卜炒萝卜",而是"肉片炒萝卜"了。

两种表达经验的方式背后,是两种对待经验的态度:理性态度和理论态度。

在"经验方式"的背后,是"理性态度",它冷静、注重理智、实事求是,注重实际和经验的作用,其中或多或少具有功利性的考量。

在"理论范式"的背后,是"理论态度",它强调要以逻辑和抽象的方式对特殊、具体过程的概括和整合,使模糊变清晰,混乱变有序,零碎变系统,使没有逻辑的变得有逻辑。

问题的关键,在于"什么是理论"。

对理论望而生畏,是许多教师的习惯。畏惧背后的误解也是一种习惯:习惯上以为理论都是抽象、飘渺、玄妙的;习惯上以为理论离自己的实践太远,没有实际用处,最多只是用来装饰点缀……

重重误解的背后,是对"什么是理论"的一知半解甚至无知。

理论不是"此曲只应天上有,人间哪得几回闻",只要有心且用心,理论的门槛并非高不可攀。

要把经验变成理论,需要具备三大特征:概念化、逻辑化和理据化。

第一大特征:用概念的方式表达经验。

教师在总结经验时,也会运用一些概念,尤其是时下流行的用语,如"对话"、"互动"等,但却不加界定说明,更不会去辨析。他对理论研究者的瞧不起或者厌烦常常埋在心底:那些搞理论的,只会玩概念游戏!

概念的界定辨析,绝非可有可无的文字游戏,对同一个概念内涵的理解不同,具体的教学行为和教学风格会有很大不同。

有的语文老师天天教语文,对教材可以烂熟于心,对教法也轻车熟路,但如果猛然问他一句:什么是"语文"? 可能就张口结舌了。

还有更加极端的现象,有的语文老师教了一辈子语文,临退休之际,若有人请教他:何谓"语文"? 他依然可能茫然不知所云,在过往的漫长岁月里,他的眼中只有一本本教材,一篇篇课文,一本本作业,一份份试卷,但就是不知道什么是"语文"。

倘若细加辨析,对"语文"的理解和看法不同,必然导致不同的教学方式。如果将"语文"理解为"口头为语,书面为文",可能就会相对看重语文教学的语言教学和语言训练,对"工具性"的重视程度可能会高于"人文性";倘若将"语文"视为"语言和文学",

那么,在教学中就会更加看重语文教学的"文学性"和人文气息。

我曾经参加过一所学校以"有效教学"为主题的课题研究成果交流。各学科组长介绍了所在学科践行"有效教学"的丰富经验,但遗憾的是,没有一位老师在介绍其做法之前,先对他眼中的"有效教学"究竟是什么加以说明,结果,各种不同理解下的做法纠缠在一起,前后矛盾,相互对立的"经验"混乱不堪。

"概念"的价值在于,它解决的是"怎么看"的问题。一种对"概念"的理解,就是一种对问题的看法,"怎么看"影响了、甚至决定了"怎么办"。看法不同做法就不同。概念不清楚或者出现偏差,实践的方向和具体策略可能步入误区。

如果教师能够有"概念敏感",进而形成"概念自觉",在使用某一概念时,能自觉加以界定,将其贯穿渗透于后面的论述之中实现"一以贯之",这样的教师不仅拥有了"理论的方式",而且也将有助于提升其实践品质。

第二大特征,用逻辑的方式表达经验。

"理论态度"的核心是"逻辑态度",以"理论的方式"表达,最重要的是学会"以逻辑的方式"表达。

有逻辑的表达,要求概念一致,层次清晰,对现象和问题仅有类型的划分,且划分视角在同一层次上。与之相比,经验的方式往往是:

"错乱式":对同一概念,如"有效"的理解前后不一致,导致同一概念的不同内涵交错在一篇文章中。概念错乱必将导致方法混乱。

"混搭式":把不同价值观、不同视角,甚至是对立矛盾的观点混合在一起不加区别。

"割裂式":前后表达的经验之间、不同类型的经验之间没有实质关联,仿佛是在谈几件没有什么关系的事情。

第三大特征,用理据的方式表达经验。

用理据的方式,是为自己的做法提供合情合理的依据,即所谓"依法"。它回答的是"为什么这么看"和"为什么这么办",其目的和价值在于为经验奠定经过论证后的基石。

  当教师学会用理论的方式表达经验,被理论表达后的经验,不仅更加清晰、深刻,而且反过来会变成促进教师生长的力量,使教师更有能力透析洞察自己的实践经验,这就是理论思考的力量。

39. 向名师学成长

对"名师"的喜爱甚至"崇拜",是普通教师的常态。名师上课时的人头攒动,座无虚席是最好的说明。

名师成为我们模仿学习的对象,理所当然,他们是我们需要仰望并奔赴的理想标杆。

从名师那里学什么?

名师之所以能够成为名师,无非与天赋、勤奋和机遇(包括各种"贵人"的提携和帮衬)有关。

由天赋而来的能力是学不来的,没有相应的基因,一个人怎么努力都成不了爱因斯坦和牛顿。名师某些令人叫绝的超强能力,如对某些方面的敏感,课堂上灵活应变的能力等,只能看,却无法学。尤其对一个天生反应能力就不够敏捷的人来说,望尘莫及是必然的。

名人成功的机遇也学不来,它或多或少与神秘的命运机缘有关,虽然不懈努力可能会赢得一些机会,但许多重要的机遇不是努力能够获得的。

名人各自拥有的个性风格,不是所有人都能模仿并拥有的。它与一个人的性格有关,谁都知道"江山易改,本性难移"的道理,硬要把别人的本性变成自己的本性,是一件过程多么折磨人,结果多么让人沮丧的事情,没有什么比因刻意模仿他人的风格而丢掉自身本性更糟糕的了。

学不来的如此之多,但不足以让我们失去信心,沦为名师的看客,充当可有可无的

"粉丝",这也是名师不希望看到的,谁不希望自己的思想和经验为更多人的运用和转化呢?

我们从名师那里学习可以学到的东西。

技巧和方法,是第一类可以学习的对象。同样一个教学内容,名师怎么备课,怎么上课?他们怎样引发学生的学习兴趣,怎样导入,怎样衔接,怎样应对各种课堂上的突发偶然事件等等,其中充满了技巧和方法。例如,名师的导入技巧十分巧妙。

钱梦龙执教《死海不死》,在讨论完关于死海的知识,进入课文之前的铺垫都已完成之后,他说:

关于死海的知识,同学们都已了解;这篇课文属于说明文,关于说明文的知识,估计同学们也已经知道了不少。你们已经知道的东西,如果还要老师重复地教,你们觉得有劲吗?(众:没劲)是呀,我也觉得没劲。因此,我想我们在决定这篇课文里哪些知识需要老师教之前,先请同学们讨论一下"什么知识可以不教"。现在请同学们打开课本,把这篇《死海不死》看一遍,然后根据课文后面练习题的要求想一想:练习题要求我们掌握的知识哪些可以不教?(郑桂华等,2007)

这种一反常态的提问,引发了学生七嘴八舌的议论:有的说,说明文中列举数字的方法已经讲过了,不需要老师教了;有的说,课后的某道练习题已经会了,也不需要老师讲了……

讨论过后,钱梦龙又问了一个问题:你们认为要学好这篇课文,哪些知识是需要老师教的?

这是一种基于学生立场的导入,从学生需要,而不是教师需要出发,确定教学起点,选择教学内容,因而被视为一堂经典教学。

窦桂梅执教一篇绘本《我的爸爸叫焦尼》,是这样导入的:

> 同学们,我们对"母亲"这个词已经很熟悉了,但对"父亲"却比较陌生,下面请大家把"父亲"这个词静静地含在嘴里,默默地咀嚼一番,随后我们再彼此交流一下各自的感受……(窦桂梅,2010)

寥寥数语,学生立刻就被引入了情境之中。

这些技巧和方法,有很大的可能化进普通教师的课堂,从"公开课"变成"家常课"。

然而,我们对名师的学习不能到此为止。

如果把名师比喻为一棵参天大树,技巧和方法就是树上开出的花朵,结出的果实,它们散发着迷人的香气,投射出诱人的光泽,且触手可及,很容易将它们摘下来据为己有。但是,这些花朵果实一旦被摘下,接下来的命运就是衰败、朽坏和腐烂了。何以如此?离开树根了,失去了根的滋养培育。

什么是名师之树的根?他们赖以生长的思想和精神。这是我们要向名师学习的第二类对象。这些思想和精神虽然常常隐匿不显,但它们出方法,滋润出方法,浇灌出方法,是种种技巧和方法的源泉。它们是"有思想的方法"和"有方法的思想"的融通。

于漪在70岁生日之时,曾经说过一句感动了无数人的话:"与其说我教了一辈子语文,不如说我学了一辈子语文。"一个"学"字背后的真精神,是于漪所以成为于漪的生命源泉。

只有当我们学习的触角,伸入到"名师大树"的根部,才可能真正把名师的生命能量变成我们的生命能量。

第三类需要向名师学习的对象,是名师成长的历程,这是最重要但又是最容易被忽略的。

没有谁天生是名师,他们都会经历一般老师在成长之路上必定会遭遇到的困惑、困难和困境,我们不妨把目光投入到名师是怎么走过重重阻碍的,会有很多意料不到的收获。

于漪的语言一向以清晰、简练、准确、生动和富有感染力著称,但年轻时代的于漪却不是这样,一般老师的语言毛病她都有:苍白、贫乏、啰嗦、普通话不标准、缺乏感染力等。为改掉这些毛病,当年的于漪每天上班路上,一边走一边反复琢磨课堂上的语言:导入怎么说,衔接时用什么话,当学生有问题、有困惑提出来的时候,我该用什么语言回应?每天下班路上,坐在或站在公交车上,她依然沉浸在课堂世界,反复回放课堂上的语言,哪些地方说得不清楚不明确,哪些语言抽象了,学生不易理解,要怎么改动才能让语言变得清晰、准确、生动和传神?多年熬炼之后,当于漪再站在讲台上,一张嘴,她的语言就粘住了学生,由此她完成了语言上的"丑小鸭到白天鹅"的转变。

这一成长历程,对于一般教师而言,有着不可替代的教育价值,自然应该成为不可或缺的学习对象。

走入名师的成长之路,仔细揣摩体会,将会缩短我们成长之路的距离。

40. 没有爱就没有教育

"没有爱就没有教育。"

这是夏丏尊的名言,也是很少会被人否认的常识,常被人提及。

如果深究下去,会在共识背后看到差异。差异的焦点在于如何理解"爱",以及,当"爱"这一普遍的人类情感进入教育领域,作为教师应有的情感之时,会有什么样的特殊内涵?

1997年,我从德国考察回来之后,被领导安排到北京56中挂职锻炼,任校长助理。开学报到第一天,我刚步入校园,抬头便望见校门口张贴的横幅:热爱每一个学生。

在口号盛行的年代,这种套路并不陌生,何况这句话也不是多么新鲜的说法。

我扫了一眼,就抛掷脑后了。后来发生的一件事,引发了我对这句话的重新思考。

这所学校有一个全校闻名的乱班,不到一年换了三茬班主任。最新上任的班主任愁眉苦脸地找到我,希望我为这个班的学生上一堂思想政治课。我很痛快地答应了,毕竟我做过"差班"班主任,当年在中学工作时教的就是政治课,经验和底气均有。后来发生的一切告诉我,我高估了自己。

我备课时仔细琢磨这一个年龄段的学生对什么有兴趣,这说明我遵循了这样的"教育常识":从兴趣出发,从他们的日常生活体验出发。

那天下午第二节课,铃声响时,我准时站在了教室门口。整幢教学楼都安静下来,唯独这个班还回响着菜市场般的喧闹声。学生纷纷把目光投向我,仿佛我是动物园里刚来的珍稀动物。他们议论纷纷,表情十分丰富。

被围观的我走上讲台,清了清嗓子,开始上课。最初的五分钟,教室里很安静,随后有了星星点点的说话声,逐渐四散开来,音量也慢慢扩大,汇聚成一股股声音的波浪,最后,我已经听不清自己的声音了。

很快,我讲完了该讲的内容,故意抬高的声调变成了嘶吼,浑身大汗淋漓,我仿佛一位稚嫩的新手一样狼狈不堪。这时,班主任就坐在后排,注视我的目光充满了柔情和同情。

我把他叫到面前来,以恼怒的口气说:你的任务我完成了,下面你看着吧!

我拂袖而去。当时的表情是对"恼羞成怒"的经典诠释。

回到办公室,我把备课本往办公桌上一扔,开始喷发抱怨:这是一群什么学生?!简直是人渣嘛!

猛然想到那条横幅:热爱每一个学生。这样的学生我如何能去爱?我敢爱吗?

由此联想到当年读《圣经》,有一句话很是不解:"要爱你们的仇敌。"自己的仇敌往往有咬牙切齿之恨,如何能够爱得起来?

那时的我,几乎是把这些让我丧失了教师自尊,体验到教育失败的学生视为仇敌了!

回到了一个根本的问题之上,什么才是"爱",尤其是对学生的爱?

俄罗斯哲学家索洛维约夫对"爱的意义"有一番经典的解释。在他看来,人类的爱有两种:情感之爱和理性之爱。

情感之爱的特点,是有条件有选择的。例如男女之间的情爱。每个人对异性的爱慕,首先在形象气质上都有各自选择,有的男人喜欢丰满型,有的偏好瘦弱型,有的尤其热爱林黛玉那般的病怏怏型。如果硬要把一种他不喜欢的某种类型的女人塞给他,无疑对双方都是很大的痛苦。

理性之爱则不然,它超出了情爱的狭窄范畴,是一种宽阔的无条件的人类之爱,不论这个人的长相、气质、人品、职业和社会地位如何,"我"都尊重他的生命存在的价值和意义。

以此来看教师对学生的爱,同样有情感之爱和理性之爱之分。

对学生的情感之爱,必定是有条件有选择的:

为什么爱这个学生?因为他的学习成绩好;

为什么爱那个学生?因为她的长相气质好;

为什么爱这个学生?因为他对我一向很尊重;

为什么爱那个学生?因为她的父亲是我们的教育局长……

——这样的爱是"小爱"。

对学生的理性之爱,则不论这个学生的长相如何、气质如何、学习成绩如何、家庭背景如何,对老师的态度如何,教师都无一例外地爱他,理解并尊重他的生命存在的独特价值和意义,进而全身心转向每一个学生,将其生命的潜能挖掘出来,彰显出来,变为现实的生长和发展。

——这样的爱是"大爱"。

所谓"大爱无边",就是没有边界、没有选择、没有条件的爱。

要实现"热爱每一个学生",在情感之爱的意义上是不可能的。即使是父母,面对自己的几个孩子,也不可能做到同样的喜爱,在重要关头,也会有自己选择。

《索菲的抉择》是一部以纳粹集中营为题材的电影。在被送往集中营的路上,纳粹强令索菲交出她的两个孩子——儿子和女儿,要把他们送往死亡之路。索菲竭力求告以期留下儿女,甚至试图以美貌诱惑纳粹军官。纳粹军官告诉她,只能留下一个,究竟留哪一个,由索菲自己选择。索菲疯狂般喊叫,她不可能做这样的选择。纳粹军官回答:那么两个孩子都得死。在最后一刻,索菲终于喊出:把儿子留下!

这虽然是一个特殊情境的极端案例,但父母在不同儿女之间作出各种选择,也是日常生活的常态。在情感上,父母也难以做到均等地爱自己每一个孩子,何况教师面对的那些本不是自己孩子的学生。

只有在理性之爱的意义上,教师才可能做到"热爱每一个学生"。

最理想的教育之爱，是有情感之爱作为基础的理性之爱。这样的爱，具有改变人和发展人的教育力量。

如此理解"没有爱就没有教育"，依旧可能会流于空洞。

我曾经看过一张照片，是苏霍姆林斯基与一个学生面对面谈话时的照片。他的眼神让我怦然心动，我看到了一种爱的温情和柔情，从他注视学生的眼睛中透射出来，而且是那么自然质朴，苏霍姆林斯基所言的"把一切心灵献给孩子"，以及他提出的各种有关"爱学生"的观点，在那一刻，我相信了……

教学常识：既是技术，也是艺术

41. 教与学不可分割

教学是"教"与"学"共同构成的,这看似是一句"正确的废话",但仔细揣摩,却大有可以挖掘的地方。

重要的是如何看待"教"与"学"的关系。

已有的看法,大致可以分成三种:中心论、主导论、主体论。

持"中心论"者,又分成两派:"教师派"和"学生派"。"教师派"认为,作为教育者的教师是教学活动的组织者和领导者,处于"中心"的位置,发挥的是关键性的枢纽作用,教学就是"一切围绕着教师转"。"学生派"则针锋相对,主张教育的全部目的都是为了学生,传统教学的弊端恰恰是教师处于高高在上的中心位置,压制了学生的主动性、积极性和创造性,现在需要"拨乱反正",学生才是教学过程的中心,教师所有的"教"都是为了学生,一切围绕学生转,其依据是:"一切为了学生,为了一切学生,为了学生的一切。"

两派虽然观点截然对立,但在论证逻辑上是一致的,都把师生关系视为一种"谁决定谁,谁引导谁,谁围绕着谁转"的关系。

持"主导论"者,实际上是"教师中心论"的翻版,只是略微降低了调门,把"中心"改为了"主导",强调教学过程中,教师的"主导"作用是不可忽略,更不可替代的。背后的思路"谁为主,谁为辅"、"谁主导谁",这与"中心论"并无二致,还是想在教与学之间分出个谁高谁低,谁主谁从。

持"主体论"者,大抵可以分成"折中派"和"骑墙派","折中派"试图缓和"教师中心"与"学生中心"之间的对立冲突,转而主张"教师主导,学生主体",既突出了教师的作用,又彰显了学生的"主体性"。"骑墙派"则不分彼此,干脆把"主体权"同时赋予教师和学生,所以有了"双主体论":教师和学生都是教学过程中的主体。

这一争论至今硝烟未尽。究竟孰是孰非?

且让我们换个思路,从抽象的理论探讨回到日常的教学生活。

教与学的关系问题,其实首先是一个教学实践问题,与每位老师的每一堂课有关。

曾经有人比较过中日两国教师听课时的座位习惯。日本教师听课,喜欢坐前排;中国教师听课,喜欢坐后排,实在坐不下了,才勉强挤到前排。

位置的不同,折射了不同的看课眼光和视角。

当一个教师坐在后排,他的目光正对着的是讲台上的教师,学生也会被看到,但基本上只能看后脑勺了。这说明,教师看课评课的焦点集中在教师的"教"上,只要教师课上得好,展现了应有的教学素养和能力,就是一堂好课。显然,他不由自主的是以"教"作为分析单位和评价单位,这也是过去大多数教师看课的习惯。

当一个教师坐在前排,目光所及是学生的正面,执教者则隐身于侧面或者背面,此时学生自然成为教师看课评课的焦点,学生"学"的方式恰当,"学"的成效高,就是好课。"学"由此替代了"教",成为评价课堂的分析单位。

到底是以"教"为分析单位,还是以"学"为分析单位?这个问题本身就有问题,这是一个非此即彼、二元对立式的问题,如此提问就预先将"教"与"学"对立割裂开来了。

已有对于教与学关系的认识,在根源上都与这种割裂思维和二元对立思维有关。

教与学怎么能够彼此割裂呢?教师的"教"离开学生的"学",教学如何展开?教师的教岂不成了自言自语,自说自话?学生的"学"又岂能离开教师的"教"?如此就不是"教学",而是"学习"了,成为与教师无关的属于学生自己的事情。

如果我听课,倾向于坐在教室的前面或侧面,但观察的重心既不是单纯的"教",也不是纯粹的"学",而是"教与学如何在课堂上互动生成",换言之,看课的分析单位是"教与学的互动生成"。

这种分析单位表明了三种对"教学"的基本认识：

第一，教学不是"单边推进"，而是"双边互动"的过程。"双边"既是指"教师"和"学生"，也包括教师引导下的"学生"和"学生"的互动。

第二，教学是一种"互动生成"的过程。教学既然充满了"双边互动"，课堂必然就是动态的，既然是动态的，就必然会生成诸多课前教案无法预设的问题、答案和各种意外事件。这恰恰是课堂教学应有的原生态。

第三，教学过程的设计，侧重点不再局限于进行非此即彼的考量：要么考虑教师的"教"，包括教什么，和怎么教，要么考虑学生的"学"，学什么和怎么学。而是放在：基于教学目标和教学内容，教和学如何"互动生成"。这表明，教学的实际过程始终是在教和学的互动生成中，呈现教学内容、进入教学内容、理解教学内容，进而转化教学内容和占有教学内容的精神内涵。学生能力的成长与发展，精神品味的提升和个性的形成，将在教与学的互动生成中逐步实现。

一旦将互动生成确立为分析单位，教与学就从习惯性的被分割、被隔离、被对立，结束了"两地分居"的状态，重新回到了本应有的原点，成为一个"整体"。

42. 教学在互动中生成

对于教师而言,课堂教学的互动生成是一个极大的挑战,面对课堂上不断喷涌的资源,如何加以捕捉、利用、编织、重组、再造并有效地反馈给学生,考验着教师的综合素养。正是这样的挑战催生了教学机智。

如何才能实现动态生成?一般而言,有五种形式的策略。

第一种形式:从点状生成到整体生成,名为"织网"。

教师传授的知识往往会点状分布于教学各环节中,学生的学习掌握也容易点状化,为此,教师需要在恰当的时候回到整体,用综合或整合的方式将其编织成为一体。

例如,语文课上的朗读训练,教师设计读出停顿、重音、节奏和情感等四个训练点,学生的朗读操练也依此四点展开,教师要从点状变为整体,可以在教学末尾,让学生带着对停顿、重音、节奏和情感的感悟,整体朗读全篇课文,以此完成在点与点的联结中编织成网。

又如,当教师提出开放式问题之后,学生反馈出的各式信息、资源会十分丰富,但也多呈散点式。如有教师执教《烟台的海》,抛出问题"哪些地方让你感受到了海的奇特?"学生会在四个段落中有的抓"春",有的抓"夏"等四季的零散句子;有的则抓内容或修辞手法等来交流。教师可以采取"织网"的策略,将学生生成的对海的散点式感受,紧紧围绕总起句中"独特景观",总结句中"一幅画、一个背景、一个舞台"来编织,促成点状生成向整体生成的转化。

第二种形式：从个体生成到全体生成，称为"滚雪球"。

课堂教学中有一种常见现象，教师会将个别学生的创意问题、精彩回答、独特方法等，习惯性或者想当然地理解为大多数甚至全班学生都是如此，结果更多的学生因为个别学生的表现而失去了训练和表达的机会。这是一种典型的"以个体替代全体"的现象。

摆脱这一通病的方式，除了让更多的学生有展示机会，还在于把个别学生生成的资源变成全体学生可以共享的资源。

某教师执教《威尼斯的小艇》，有学生质疑这篇课文写得不好。教师很惊异，连忙问为什么。学生答道，这篇课文中的一句话"威尼斯的小艇行动起来，轻快灵活"太啰嗦了。"那么，可以怎么改呢？"老师问。"可以把'起来'去掉，改为'威尼斯的小艇行动轻快灵活'，这样就简洁明快了。"这是一个漂亮精彩的改动。但只是"这个"学生生成的资源。一般教师至多表扬一番这个孩子如何大胆、如何聪明，就到此为止了。但这位教师没有停留于此，她把目光转向全部学生，询问他们对这种改动和这种大胆行为的看法，结果大多数学生表示了赞赏。于是教师乘势提出要求：接下来，请大家仿照他的样子，也尝试改改课文中你觉得不满意的句子。随后，全体学生都动了起来。

这个教学的成功在于，教师把一个人的亮点变成了所有人的亮点，把一个人的资源变成了所有人的资源，最终实现了"滚雪球"。

其三：从浅层生成到深层生成，这叫"刨坑"。

"浅层生成"也是教师的"顽症"之一，课堂表现为：由于教师本身解读或倾听不到位，面对学生的资源捕捉、反馈不到位，或缺乏机智，没有进一步通过评价、追问等方式提升，或受教案牵制，急于进入下一环节，学生该读、该悟、该练、该说的时候往往会点到为止，深不下去。对于这一顽症，教师主要修炼内功，学会"刨坑"，舍得花时间牢牢抓住追问、品析、读悟，促成深层次的生成。

有一篇名为《老船长》的课文，讲的是泰坦尼克号船长的故事。里面出现了一个词"绅士"。这个词很容易让人联想到"男士让女士优先"、"男士帮女士干活做事，如拎包"等跟礼仪、礼节相关的行为。

这实际上是一个极为表层的理解。泰坦尼克号当年沉没之后,船长得到了当时英国媒体一致的赞誉,认为他充分展示了绅士风度,这种风度有两大特征:无论处在何种境地,多么危险危难,他依然要保持镇定自若,从容不迫,不至于变得惊慌失措,六神无主,乱了分寸,而且仍勇敢地履行承担他的职责,不因此而轻易放弃自己的责任。这才是绅士的深意。但有的教师却抓住课文中的一个情境:船长下令,让女士和儿童先上救生船,哪个男的敢抢先,我把他毙了!以此作为对"绅士"的解释。

在这样的浅度解读中,与"绅士"有关的重要育人价值"职责教育"或"责任教育",就被轻易滑过了。

第四种形式:从单一生成到多维生成,此为"开渠"。

学科丰富的育人价值,决定了每一节课堂教学的生成都应具有多维性。教师的生成点定位要充分体现学科特有的育人价值和学生成长需要。这里的多维,表现形式也是多样的,既有价值取向的多维,视角的多维,方法的多维,也有思维方式的多维。

第五种形式:从错误生成到有益生成,这是"扭转"。

课堂上的错误时常出现,教师和学生都可能成为犯错者。"错误"的出现不一定是坏事,关键是看如何转化,把不利变为有利。

请看如下案例(括号内是我的评点)。

师:同学们,读读《葡萄沟》第一自然段,看看有几句话?

生1:(默读后)这段有三句话。

师:有不同意见吗?

(当一个问题提出并有学生提供了一个答案后,教师没有急于下判断,避免了"个体替代群体",而是把目光转向全班,让更多的学生表达自己的观点,这是一种开放的心态和行为)

生2:我觉得是四句话。(这是错的)

(当学生提供了错误答案时,教师该怎么办?)

师:你敢于发表不同意见,很好!

(教师没有一棍子打死,避免了"出口伤人",浇灭学生的热情——不管怎样,这个学生有发表不同观点的勇气,是需要给予鼓励的)

这样吧,你推荐三位同学朗读这段,每位读一句,你就读第四句,好吗?

(多么精彩的机智和多么机智的精彩!什么是教育智慧?这个细节就是了!)

生2:(三位同学每位读了一句话):老师,他们都读完了,我没有读的了。

(所有听到这句回答的人,都会哑然失笑了)

师:你很认真听他们读。

(教师的第二次鼓励)

知道为什么没有第四句让你读了吗?

(教师没有急于告诉学生错在哪里,而是让他自己去发现,避免了对学生的替代)

生2:我把"五月有杏儿,七、八月有香梨、蜜桃、沙果,到了九、十月份,人们最喜爱的葡萄成熟了。"这句看成两句了。

(错误找到了,但为什么会出错呢?这比错误本身更重要!)

师:你发现得很准。

(第三次鼓励,这是一个多么会鼓励人的教师)

为什么看成两句呢?

(这是一个极为关键的问题!)

生:我把逗号看成句号了。这段有三句。

(学生终于自己找到了错误的症结所在!)

师:对了!不管是哪月,都是说水果丰收了,所以用逗号。

通过教师体贴入微的引导对话,不仅使犯错误的学生自己发现并纠正了错误,也使这个情境将从此扎根于他的内心。而且,这对在场的其他学生也有同样的提醒和启发价值,这是一次从错误生成到有益生成的成功扭转。

43. 把课堂还给学生

既然教学是不可分割的整体,是互动生成的过程,课堂就不是属于教师的"一言堂",而是师生共享、共有、共在的课堂。所以,叶澜说:"要把课堂还给学生。"

在"教师中心论"的影响下,教师普遍存在着三种意识:

一是教案意识。教师课前精心设计教案,把每一步、每一个问题甚至每一句都预设好,课中一丝不苟地走教案,竭力避免"溢出"教案,竭力防范各种偶然、意外,当学生出现偏离教案预设的情况时,教师就要千方百计将其拉回预设的轨道。这样的教案如同教师预先挖好的一个"坑",教师在课堂上的主要任务就是千方百计的"引诱"学生往坑里面跳,如果学生偏偏不往这里跳,转而去挖自己的坑,或奔向别的方向,教师就开始了围追堵截,非要在半路上截住,强行把学生拉回到自己挖好的坑边,当学生如他所愿地跳下去后,教学就结束了,教师也得以轻松释然。

二是替代意识。许多刚进大学校门的学生不会洗衣服,不会整理自己的东西,因为之前一直有家长替他们做好了。这是一种身体上的替代。更可怕的是精神上的替代,在教育教学过程中常常表现在:教师喜欢替学生提出问题,不给学生提问题的机会,满天飞的都是教师的问题。这种包办代替的习惯,或多或少说明了教师对学生的低估,不相信学生的能力。

三是控制意识。教师严格要求学生必须按照自己的规定行动,喜欢学生的一举一动都处在教师的掌控之下。过多的干预、介入限制了学生的自由,束缚了学生的生命活力。这样的教师,实际上是把学生当成了自己可以任意支配的"私有物"。

要让课堂教学回归教学的本原,让课堂充满生命活力,把课堂还给学生是最核心的要求。

首先,把时间还给学生。让学生有更多属于自己的时间,或提问,或阅读,或思考,或练习。

很多情况下,阻碍学生生长的最大障碍就是学生缺少或没有属于自己的自由时间。在希腊文中,"学校"一词的意思就是闲暇。在希腊人看来,学生必须有充裕的时间体验和沉思,才能自由地发展其心智能力。苏霍姆林斯基主张:

> 自由时间是丰富学生智力生活的首要条件。我们要使学生的生活中不单单只有学习,还要让学习富有成就,那就得要给学生自由时间。(苏霍姆林斯基,1981)

陶行知的看法类似:

> 为了加强养成儿童之自我教育精神,育才学校每日给予儿童相当时间,作为自由思索与自由活动的机会。(陶行知,1981)

其次,把空间还给学生。打破"教堂式"、"秧田式"的教室空间格局,这是一种类似于"牧师布道式"的空间设计,教师如同牧师一样在台上讲道,台下观众只能默默听讲,难以与牧师和同伴互动。转而以小组为单位,采用类似圆桌式的教室空间格局,在这一格局里,教师可以自由穿插其间,让更多的学生有机会与其互动。学生也因为活动空间的扩大,得以跟前后左右的同学互动交流。从而形成一种网状互动的交流状态。

再次,把权利还给学生。它涉及提问权、质疑权、评价权、工具权和总结权等。

一把提问权还给学生。

传统课堂教学的典型特征之一,是"教师问,学生答","只有老师的问题,没有学生的问题"。

我有几次去韩国的经历,这个有深厚儒家文化传统的国度,教育传统与中国也一脉相承。除了尊师重教之外,韩国学生在课堂上的沉默无语也是常态,他们习惯了老师问,学生答;老师讲,学生听的教学模式。如果让他们提问,反而茫然无措了。

有一位韩国大学教授的儿子,以优异的成绩考入美国某著名高校。大学第一年,他的老师和同学都惊呼:我们这里来了个亚洲天才!第二年则是惊叹:这是位亚洲神童!对赞誉已经习以为常的这个韩国学生,只读了两年本科,就直接跳入研究生阶段,跟着导师开始做研究了。但此时,他出现了严重的学习障碍,在迟迟得不到进展的研究过程中,他逐渐发现自己跟欧美同学的差距,且差距越拉越大,最后只好暂时放弃读研究生,回到本科阶段继续先前没有完成的学业。

有一年,一位越南青年数学家获得了数学界的最高奖"菲尔兹奖"。在回顾自己的成长经历时,他认为,人类的学习有两种类型:为考试而学习,为研究而学习。幸运的是,他很早就离开越南到巴黎求学做研究,没有把太多时间用在很多无益的考试之中。

若以此眼光来看那名韩国学生,他明显属于"为考试而学习"的典型代表,所获得的诸多惊叹和赞赏,只是因为他的考试成绩无人可以匹敌。但"会考试"不等于"会研究",进入研究阶段后的不适应就是自然而然了。

一个人"研究能力"的重要标志,是有强烈的问题意识,善于发现和提出问题。这恰恰是当代许多中国学生所欠缺的,他们的精力主要用在琢磨和回答老师的问题上,而不是思考并提出自己的问题。不是因为中国学生不聪明,而是因为我们的教学模式及其背后的教学评价制度,压制了学生提问的欲望。

一位中国深圳的校长,有一年把女儿送到美国某高校就读。入学两个月后,女儿的电子邮箱里收到某学科教师发来的成绩通知单,她很惊异,最近没有什么考试,怎么会有成绩单?仔细一看,才发现是她近期在课堂上的提问成绩和发言成绩。这就是一种评价制度,将提问和发言的次数与质量纳入到考核范围之内。如果一门课上完了,一个学生很少提问发言,或者提问发言的质量很差,即使书面笔试成绩再好,也很难通过学期考核。这样的制度激发了学生自主参与课堂热情。

提问之所以重要,因为它跟一个人的创新思维、创新能力相关,能否提出创造性的新问题,往往是作出创造性贡献的重要前提。

在这个意义上,所谓"学问",就是"学会提问"。

把提问权还给学生,为的是发挥儿童好问的天性,鼓励学生在课堂上提出自己的问题,同时不断给予引导,提升其提问的能力和质量。

一方面,教师需要从指导学生有良好的提问习惯做起。

提问前,先认真读课文,想一想,提自己真正不懂的问题;

发现问题后再看看课文,找找课文内有没有现成的答案。尽量提书上没有答案的问题;

别的同学发问时认真听,看同学的问题是不是和自己的问题相同。不提重复的问题。

另一方面,还要指导学生从多种角度提问。

例如,针对如下教学内容:

> 狐狸看见乌鸦嘴里叼了一片肉,馋得直流口水。狐狸想了想,就笑着对乌鸦说:"您好,亲爱的乌鸦!"乌鸦不作声。

针对学生的发言,教师可以帮助学生提炼出不同的提问角度。

"叼"什么意思?"直流"什么意思?——就词语发问。

"狐狸想了想",它想什么?狐狸为什么"笑"着对乌鸦说?——就人物心理发问。

"亲爱的乌鸦!"后面为什么用感叹号?——就标点发问。

狐狸用"您"、"亲爱的"它真这样尊重乌鸦吗?——与主题有关的问题。

真有这样的事吗?——与文体有关的问题。(这是童话)

此外,教师还可以从语言表达的角度,引导学生学会用准确、简练的语言来表达问题,不仅自己要讲得清,还要让别人听得懂。

二 把质疑权还给学生。

改变学生对书本、教师和权威的迷信、盲从,养成质疑问难的意识和习惯,把习惯性的不假思索接受现成结论,变为对已有观点的习惯性质疑追问。为把质疑权还给学生,教师首先要相信学生有质疑的兴趣、需要和能力,这是不可没有的基本前提。

三 把评价权还给学生。

以往学生在课堂教学中的表现的评价,主要是由教师作出的。学生也因此形成了对教师评价的期待和依赖,教师评价成为学生获得自我认识的源泉。要把课堂还给学生,必须把评价的权利还给学生,让学生相互之间评价,教师则暂时隐身在后,不急于评价,不以自己的评价替代学生的评价,同时需要对学生的评价语言、评价方式做适当的引导,以提升学生的评价能力。

四 把工具权还给学生。

这里的"工具"指的是学习方法。它不应只是教师提供的,更应是学生主动去发现和建构的。教师应为学生创造机会,让学生有针对学习内容自主选择、运用甚至创造学习方法的权利。

五 把总结权还给学生。

一堂课上下来,到底学到了什么,有什么收获,这些问题过去往往是由教师来总结的,其实更多是在总结教师自己的教,而不是总结学生的学。教师可以尝试在课堂上留点时间,让学生自主总结本堂课的收获,这种总结也有利于将学生的"学"与教师的"教"进行对照,看看自己教的和学生实际学的差异,以此对教学效果进行自我反思评价。

当时间、空间和权利都还给学生的时候,课堂就从封闭走向了开放,它放出的学生问题的同时，也放出了学生的兴趣、学生的创造和学生的差异，归根到底，放出的是课堂的生命活力。

课堂的开放只是把课堂还给学生的第一步，虽然是关键一步，但并不是最后一步。并不是所有的开放都是有价值的理想的开放。

吴亚萍曾经总结出开放的五种类型：

假开放。虽然是"假"的，但还是"开放"的，因为教师会把问题抛给学生，让他们思考和讨论，或者让学生自己提出问题来。这样的"开放"为何又是"假"的？因为随后课堂交流形式主要是教师和学生"一对一"交流，即一个学生站起来陈述回答之后，教师随即给他一个回应和评价，接下来，又一个学生站起来，教师又给其一个回应，整堂课都被这种"单一"的教学组织形式所充满，我们不妨把这种互动形式称之为教师和学生的"单挑"。这种现象的毛病在于"教学重心太高"，没有把重心下移到同桌交流、小组交流、组际交流中，没有让更多的学生成为课堂互动的参与者。因而只是"貌似开放"的"假"开放。

半开放。"半"的一面，是教学重心下移了，实现了对更多学生的开放，真正放下去了。"半"的另一面，放下去之后，学生那里势必会生成丰富的资源，但教师没有及时捕捉回收，结果只有放、没有收，因而还不是完整的开放，只是"半"开放。

白开放。与"半开放"相比，教师有回收的意识和行动，能够把学生那里的资源通过板书和口头归纳等形式加以回收，但收上来的资源，却没有很好地利用、编织、重组、再造并有效地反馈给学生，导致这些资源白白地浪费了。此为"白开放"。

乱开放。是为开放而开放，既没有指向也没有目标，是"无向开放"，而不是"有向开放"。这样的开放，对何时开放，放在哪里，何时回收，收到什么程度，都没有明确的设想，只是漫无边际、散乱不堪的"乱"开放而已。

真开放。既有教学的重心下移，也有对学生资源的回收，还有对回收资源的充分编织和重组，以及有效地反馈给学生，更有明确清晰的"有向开放"，这是最理想的"真"开放。

把课堂还给学生,是"教天地人事,育生命自觉"在课堂教学中的具体转化,是把学生精神生命发展的主动权还给学生,让学生自觉寻找解决问题的方法,自觉寻找出路和答案。学生有了自身生命发展主动权,才会掌握和主宰自己的人生之路。日本教育家小原国芳说:

> 与其让孩子按照句型造各样的句子,熟练日常计算,为通过考试而做各种习题,通过改换讲法以取得更多的笔试分数,按道德和训练规则把孩子培养成有小聪明的孩子,不如把他们培养成能够自我创造、自我发现、自我行动的孩子。这样的孩子才能成大器。自己下功夫掌握学习知识的本领要比鹦鹉学舌般地背诵教材重要得多。(小原国芳,1993)

44. 让教学充满生长的气息

教育即生长，这不是一句空洞的断语，它在课堂教学中有具体的要求和表现。

在一次全国性的教学大赛上，一位男教师的教学赢得了广泛赞誉。他在课堂上展现出来的丰厚底蕴和语言机智赢得了多次掌声，被推举为特等奖的热门人选。但结果公布之后，他出人意料地名落孙山。众人大惑不解，甚至产生了对评奖公正的质疑。在总结会上，评审委员会代表回应了大家的质疑，他说："我们今天评价一堂课好坏的标准，不是看课堂多么活跃，多么热闹，而是看一堂课上下来，学生有多少变化，多少发展。"正如有人所说的那样：

> 在充满生长律动的课堂上，学习气氛不一定热烈，但要深沉，学生不能在文字中浮光掠影，要在思索中前行；不是在言说别人的思想，一定是在表达自己的心声。看一看，能感受到躬身前行的姿态，听一听，能体悟到生命拔节的声音。（武凤霞，2009）

如果依据这样的标准衡量课堂教学，可以发现两个普遍的毛病。

第一个毛病，有"温度"没有"深度"。

这种课，可以名之为"滑冰课"。课堂变成溜冰场，教师带着学生从起点滑向终点，动作优美飘逸，花样也层出不穷，还有动听的音乐，整个课堂热闹不已，夺人耳目，但只是"滑行"而已，教师没有把课堂变成扎根的过程，刨坑的过程，更没有变成攀岩的过程。

教学常识：既是技术，也是艺术

第二个毛病，有活动没有学习。

教学中必然会安排各种活动，与非教学的活动相比，这种活动的目的是指向学习的，活动的过程就是学习的过程。但有些课堂教学的活动，却是有活动没有学习，没有把活动的过程变成学习的过程。学生可能很享受这个活动本身，但唯独没有享受活动中的学习。例如，语文课堂上，经常会有表演活动，教师让学生到前台分角色表演，表演者忙得不亦乐乎，台下的观看者乐不可支，课堂其乐融融，教师也暗自得意，但师生都忘记了语文课堂表演的最终目的，是为了理解文本，内化语言。这种表演异化为有表演（活动），但就是没有语文（学习）。整个表演远离了文本，疏离了语言，是为表演而表演。最终的结果是：有表演的学习和没有表演的学习没有多大差别，学生走出课堂和走进课堂相比一个样。

若以生长变化为参照系，衡量那位得到观众赞誉的男教师的课堂，除了教师表现很出色之外，学生的表现也很出彩，许多掌声是献给学生的。然而，在这样的公开课上，当学生表现很好的时候，有两种不同意义的好："本来就好"和"教出来的好"。

"本来就好"，是指学生进入课堂之前，已经掌握某些知识，具备某种能力，如朗读能力，上课的过程就变成了把学生早已有的知识和能力再现、展示或表演出来的过程，学生没有发生实际的变化，带着原来的"我"走出课堂。

"教出来的好"，说明学生在课堂上展现出来的好，不是学生课前已有的好，而是教师在这堂课上通过引导、互动、对话和点拨，实实在在教出来的，是现场生成的好，也是最能展现教育力量的好。

这样，我们就可以发现男教师未能获得评委青睐的原因了：在他的课堂上，"学生的好"是"本来就好"，这些某师范大学的附属小学学生，本来基础就比较扎实。一堂课结束之后，评委们没有看到通过这位教师的教学，学生的哪些好是由他在本堂课教出来的。期待中的"好"没有发现，但不愿看到的"秀"却异常醒目地凸显于课堂之中：教师"秀"自己的语言多么机智生动，教学素养多么的好；学生"秀"的则是自己原来的好。

课堂之"秀"是普遍存在的课堂现象。以此现象为基础，通过多年的课堂观察，我形成了听课评课时的"课感",是不是一堂我心目中的好课,就看这堂课有没有给我带来两种感觉:推进感和生长感。

就推进感而言,每堂课都有诸多环节步骤的设计,我希望看到这些环节是步步推进延伸,还是反复在一个层面上打转折腾?如果是后者,就是典型的"滑冰课":在一个层面上不停地转悠。最典型的代表,是小组合作学习之后的成果展示,我们经常看到的后面展示的小组和前面的小组,始终是在一个层面上交流,小组之间的不同,只是发言人的不同或对同一内容的表达方式不同,实质内容没有明显的深入推进。

课堂有了层层推进,带来的是"生长感",可以看到学生的兴趣、需要、能力、方法和习惯等各个方面,在推进中获得了生长和发展。

要让课堂有生长感,让课堂充满生长的气息,首先应当在教学设计中想清楚本堂课的三个问题:

一是挑战什么?

我准备在本堂课给学生什么样的挑战?挑战才能带来生长。课堂教学不能没有对学生的挑战,合理适度的挑战有助于产生学习的兴趣和需要。

二是突破什么?

借助本堂课的教学,经过与学生的互动对话交流,可以帮助学生突破学习上的哪些难点和障碍点?凭借这样的突破,如何把难点和障碍变成学生的生长点和发展点?

三是提升什么?

通过一堂课的教学,怎么才能使学生在原有基础水平上有新的变化发展,因而有新的提升?

这三个问题说明,教学目标的设计要找准三个点:挑战点、突破点和提升点。

许多教学目标的设计,流于"无所不包"、"面面俱到"、"十全大补";合理的目标设计,应该是"单刀直入"、"孤军深入"和"精确打击",只有找到准确的"炸点",才不至于在课堂上四面开花,狂轰滥炸。学生才会有真实的突破和发展,生命才会因此而不断地生长。

充满生长气息的课堂,不会只有学生的生长,也应有教师的生长。只有将自身生长与每一堂课的生长,与学生生长联系在一起,让教学滋养自我的生命,让学生的生命生长滋润自我的生命,教师才会有真实的生命生长。这就是最理想的生长课堂:教师和学生实现了"共生长"。

45. 好课是实实在在的课

在进入课堂之前，教师需要做许多准备，其中有一个准备是必不可少的：为自己明晰一个标准，什么是一堂好课？这是成功教学的方向和基石。

虽然有关好课的标准很多，因为教师教学风格差异很大，但无论什么样的好课，何种教学风格，都脱离不了一个"实"字。"课"如"建筑"，地基实不实、材料实不实，是最根本的要求。好课如好建筑，有厚实的地基，才能经得起风雨雷电，让入居其间者有长久的安稳踏实。

上一堂实实在在的课，应是对所有教师所有教学的要求。

"实在"既可以成为底线要求，也可以成为高端要求。关键看如何理解"实"。

叶澜提出了课堂教学的"五个实"：扎实、充实、丰实、平实和真实。这实际上提供了思考和践行教学之"实"的五个角度。

扎实的课，就是有意义的课。

判断一堂课是否有意义的标准在于：学生走出课堂和走进课堂相比，是不是不一样了？

教师需要作出这样的判断，当学生走出课堂的时候：

是否获得了课前没有的知识？

是否提升了某种技能，或者掌握了某一新的技能？

是否获得了新的学习方法？

是否喜爱这堂课，喜欢教师所教的内容和方式，甚至是否喜欢这个学科，包括喜爱教师本人?

是否获得了自主学习的意识、能力和习惯?当他离开课堂,离开教师和同学的时候,是否还能够自主地学习和思考?相比而言,这是最重要的课前课后"不一样"。

如果学生走出课堂和走进课堂相比,几乎一模一样,这样的课堂是没有意义的课堂,是不够扎实的课堂,哪怕课堂上多么热闹,多么的欢声笑语。

充实的课,就是有效率的课。

有效率,首先是体现在"面"上的效率。从过程来看,教学是面向全体学生,还是面向少数明星学生?有些课堂的提问发言等学生表演机会,只留给了少数学生,大部分学生成了沉默的看客和陪客,这必然是低效率的课堂。从结果来看,一堂课结束以后,是部分学生进步了,还是不同类型、不同程度、不同层次的学生都能在其原有基础上变化发展?如果是后者,就是一堂充实有效率的课。

丰实的课,就是有生成的课。

教师如果能够在课前预设之外,通过"师生互动"、"生生互动"等生成更多的知识、情感、能力、方法等,就是一堂丰实的课。相对而言,丰实的课是最难的,它是对教师综合素养能力,尤其是捕捉生成利用资源能力的考验。

平实的课,就是常态下的课。

这种课是一种日用性的"家常课",而不是那种主要用来展示的"公开课",常态下的课,是那种不是只能在公开课上才能上的课。家常课类似于家常饭菜,真实朴素,普通自然,是为学生上的课;公开课类似于宴席大餐,豪华奢侈,光彩夺目,往往是用来让听课的人围观和品味的。每个人都是吃家常饭菜长大的,没有一个人是吃宴席大餐长成的。教师专业能力的提升,不能指望偶尔为之的一两堂公开课,而应渗透转化在日常课和家常课之中。两种课不是"你死我活"的独立关系,可以相互转化:把公开课当家常课来上,去除华而不实的装饰;把家常课当公开课来上,对课堂的每个环节都精雕细刻。

真实的课,就是有缺憾的课。

没有十全十美的课堂,正如没有十全十美的人。那种看起来完美无缺的课堂,往往是弄虚作假的课堂。课堂有缺憾不是坏事,有缺憾恰恰说明教师还有发展完善的空间。

　　好课,就是扎实、充实、丰实、平实和真实的课。但不能倒推或逆推,例如,好课必然是真实的课,那种事先学生已经知道了问题和答案,或者由教师事先指定提问,因而看起来进展十分流畅的课,无论有多少表面的精彩,都不是好课。然而,上出了真实的课,不一定就是好课,有可能是真实但却不够扎实的课堂。

46. 让教学扎实的五大源泉

扎扎实实上好每一堂课,是所有教师的期望。

扎实从何而来?它有五大源泉,即清晰、细节、停顿、运用、写练。

第一大源泉:扎实在于清晰。

思想和思路的清晰,对于教学的扎实具有奠基作用。思想清晰,行动才会清晰;思路清晰,出路才会明晰——思路决定出路,是一条亘古不变的常识。

教师需要哪些方面的清晰?

一是学生清晰。"为谁而教"必须清晰。面对自己所教的学生,走进课堂之前,他们已经有什么,还缺什么?困难障碍是什么?差异在哪里?教师必须清晰,否则教学难以扎实,因为对不准学生心弦的音调,教学变成了乱弹琴,弹乱琴。

二是内容清晰。"教什么"必须清晰。明确"教什么"有很多具体的策略。

例如,教学之前教师先自我追问三个问题:

学生为什么要学这个内容?帮学生找几个理由。

我为什么要教这个内容?给自己几个说法。

我什么可以不用教了?既给教师,也给学生减负。

又如,可以依据四个原则,来确定一堂课什么可以教,什么可以不教。

第一条原则,学生已经会的、懂的、有的,不教;只教学生还不会、不懂和没有的。

第二条原则,学生自己能学会、读懂和会做的,不教;只教如果教师不教,学生一定学不会、读不懂和做不了的。

第三条原则,现在这个阶段教了,学生也不会也不懂的,不教,因为超出了学生特定发展阶段能够承受的范围,教了也白教。只教适合目前发展阶段的内容。

第四条原则,学生需要什么,是教师重点要教的;学生不能发现,但教师认为很重要的,也要提出来教。教学不能陷入要么"以教定学",要么"以学定教"的非此即彼式的陷阱之中,让教学回归原点:教与学是不可分割的整体。

三是目标清晰。"教到什么程度"必须清晰。尤其是进入课堂教学过程中,务必保持对课前设定目标的清晰,可以随机调整,但必须是在清晰已有目标基础上的调整。

四是方法清晰。"怎么教"必须清晰。针对具体的教学内容、学生实际以及教师自身实际,选择恰当的教学方法。

五是环节清晰。"先教什么,后教什么"必须清晰。这并不是一个可以轻易达成的目标。常见的误解是,所谓环节清晰,就是教师能够写得明白,也能说得清楚本堂课有哪些环节和步骤。这只是最低层次的环节清晰。更重要的特征还在于能够对如下两个问题有清楚的回答。

第一个问题,每个环节各自要解决的问题是什么?推进过程中可能遭遇到的只有这个环节才能遭遇到的困难和障碍是什么?这些问题背后的用意,是让教师明确每个环节存在的意义和价值,对"为什么非要安排这个环节不可"有清晰的认识。

第二个问题,环节间的关系是什么?不同环节之间的衔接点、关联点、转化点和提升点是什么?

这个问题直指一种常见的教学通病:教师只对环节设计进行线状思考,注意力集中在环节的线性流程,但几乎不考虑环节之间的衔接,有的会考虑相近环节之间的关系,如第一环节和第二环节的关联,但对第一环节与第三或者第四环节有什么关系,就付诸阙如了。教学是整体,也意味着所有教学环节间都有内在的关联,而不只是某两个环节间才有关系。

六是指令清晰。"对学生的学习要求"必须清晰。常见的问题是教师的指令要求过于抽象、笼统,如"请大家认真看",什么才叫"认真"?怎样做才是"认真"?这种缺少具体要求的指令,只能让学生茫然,降低学习效率。

以语文课上的"表演"活动为例,理想的目标是让学生"在表演中学语文",为此,教师可分别针对两种群体提出具体明确的要求。

对于台上表演的学生,要求他们表演前,认真揣摩课文,这是表演的阅读基础;表演过程中,务必要依据课文来表演,尽可能演出文本中人物的形象,演出某一个关键词语,如"神气活现"的内涵来;表演之后,再回到课文进行自我反思和评价,哪些地方演出来了,哪些地方没有演出来,为什么?怎么改进?

对于台下观看的学生,同样要求他们对照课文观察和评价他人的表演,并依据文本提出改进建议。

第二大源泉:扎实在于细节。

理念只有进入细节,才会有真实的力量。教学只有在细节处落实,才可能有扎实的品质。

教学充满了各种细节,几乎无所不包。

有一年的夏天,我到上海某所小学听课。"上海文化",是一种注重为人处世细节的文化。上海人的眼神里,充满了对细节的品味和"孜孜不倦"的挑剔。那天,是一位年轻的女教师上课。她的服饰也体现了上海特点,相当时尚,主要表现为:特别省布。当她拿起粉笔在黑板上板书时,后背就敞露出来,白花花一大片,耀眼得很。这对我的心灵产生了不小的影响,听课时我的注意力非常不集中。陪我听课的老校长不答应了,脸色由白转黑,再由黑转红,课间休息时,她特地把女教师叫过来,当着我的面痛批:你怎么能这样穿衣服?穿这样的衣服,到底是让孩子看黑板,还是看你的"肉"呢?

这是教师穿衣服的细节。如果进入有实质内容的教学过程,不妨以时下流行的"小组合作学习"为例,说明细节之于教学扎实的重要。尽管这一方式被广为运用,但真正有质量有成效的小组合作学习并不多见,原因在于诸多细节上的缺失。

细节之一,训练的先后次序。

对于学生而言,参与小组合作学习,既是合作意识的培养,更是合作能力和合作习惯的训练,为此,要有台阶设计,不宜跳跃性太大。例如,小学低年级阶段,可以从同桌合作开始,再逐渐过渡到小组合作。

细节之二,小组合作前的分工和规则。

小组合作之前,需要对参与学生有具体的分工,主持人、记录员、发言代表、补充发言等角色都要安排到位,做到"人人有活干",各尽其责。

小组合作之前,还需要对活动规则加以明确。这是一条常识:任何活动要有成效,都必须有相应的规则。有学校老师和学生一起制定了这样一条规则:

"弱者先说,大伙补充,强者概括,共同分享。"

这里的"弱者",主要是指平时课堂上沉默寡言、性格内向的学生。为给他们表达的机会,让他们先说。"强者"则是喜欢主动发言的学生,也必须满足他们的需要,所以让他们负责概括。

如果小组合作之前,既没有分工也没有活动规则,小组合作很难有效。

细节之三,小组代表发言时的第一句话。

如果小组代表一开始就说:"我"认为,"我"觉得……教师务必要制止,合理的说法应该是:"我们小组"、"我们大家"。小组代表可以在发言中讲述自己个人的观点,但不能只讲自己的观点,还必须总结陈述小组的共同观点或主要观点。遗憾的是,许多老师就任由小组代表利用这个发言机会大讲特讲:"我"如何如何……此言一出,就意味着这样的小组合作学习基本无效。个人观点无需小组合作,随时随地可以生成和表达。既如此,为什么还要花这么多时间进行小组合作?

细节之四,小组代表发言之后的教师评价。

这里的细节不在于小组代表发言后,教师有没有及时的评价,以及怎么评价的,而在于教师评价了什么,即评价的指向。多数老师会对发言者进行评价,即将评价的对象指向于代表小组发言的个体学生。但实际上,应该评价的是"小组"合作的质量和状态。例如,教师可以如此评价:通过这个小组代表的发言,我发现他们小组的合作学习质量比较好或不够好。随后,要具体指出好在哪里或不好在哪里。在小组合作学习初期训练过程中，这种具体的评价具有重要的导向作用。

细节之五，全班交流时的组际互动。

当小组合作学习结束，进入全班互动交流之时，常见的现象是"报幕式"展示：每个小组代表先后出场，各说各的，彼此没有交流，处于相互隔离状态。若要引发组际互动，生成组际资源，教师发出及时清晰的指令要求最为关键。在第一个小组发言之前或之后，教师就可以提出：随后发言的小组代表，对于前面小组发言中已经讲过的内容不宜重复，可以针对其发言，要么补充发言，要么提问质疑，要么提出不同观点，在此基础上再进行总结陈述。

细节之六，组际差异资源的利用。

如同学生之间存在差异一样，小组合作学习也会有组际差异，倘若教师满足于对好的小组表扬鼓励一番，对不好的小组批评一番，这种简单化的处理，可能导致在此之后好的还是好的，不好的还是不好的。

要充分利用差异资源，或者让好的小组面向全班介绍其合作经验，把小组资源变成全班资源；或者让好的小组派出代表，甚至全组同学参与或加入到不好的小组之中，手把手地进行指导，即学生教学生。如此一来，不仅不好的小组得以受益，学到了合作学习的方法，好的小组也能够在指导交流中提升自己的表达能力与合作能力。

细节之七，全班交流时板书的使用。

在多媒体教学的时代，板书的使用日渐减少，甚至在有些课堂成为空白。这并不说明板书就失去了运用的价值。在我看来，教师心目中应有两套板书：

一套是静止确定的板书。有些教师会预先在教案里设计好，上课时就将其原封不动地搬运到黑板上。此时的教师成了板书的"搬运工"。

另一套是动态不确定的板书。当全部交流合作学习成果时，教师及时将生成的资源分门别类地呈现在黑板上。例如，把学生提出的各种问题在黑板上进行类型化处理，这是一种必要的对学生资源的梳理和编织，这种方式的另一个目标，是为学生提供分析问题和思考问题的支架。

第三大源泉:扎实在于停顿。

有些教师为完成教案的任务,上课铃一响,就带着学生急匆匆地往前奔,不给学生留一点喘息的余地,把课堂变成了百米赛跑。

教学是停顿的艺术,也是等待的艺术。

什么时候应该停顿?

当学生有错误的时候,停下来,帮他纠正错误;当学生有亮点的时候,停下来,给他鼓励、帮他放大;当学生有困难、困惑和障碍的时候,停下来,帮他解决困难走出困惑。

要让课堂变成"扎根课"、"刨坑课"和"攀岩课",没有适度的停顿和等待,是不可能的,结果只会变成"滑冰课"。

第四大源泉:扎实在于运用。

有听课教师描述过这样一个现象:某执教老师很注重让学生积累语言,每个学生的课桌上都有一个积累本,一个女生的积累本厚实而漂亮,里面写满了好词好句、名人名言,但一听她的课堂发言,一看她的作文,语言苍白贫乏,让人大失所望。积累的如此丰富的语言,根本就没有用上。

学生大量的积累就是这样处于死寂状态的积累。为此,需要教师创造及时运用的机会,通过学了就用,避免让学生的积累沉睡,要让他们的积累沸腾起来。

第五大源泉:扎实在于写练。

夸美纽斯曾言:

> 所教的科目若不常有适当的反复与练习,教育便不能够达到彻底的境地。
> (夸美纽斯,1979)

过度的训练常被人诟病,这里的"度"存在"多"和"少"两种可能。"过多"的训练导致机械操练,使人厌烦,事倍功半;"过少"的训练,同样不足取。要把已经教过的知识和技能转化为学生自己的知识和技能,只靠口头重复,记忆背诵是不够的,必须保证充足的写练时间。正如有人对语文教师的提醒：

"重朗读的时候，别忘了静心思考，默读和速读的训练；

重口头交流的时候，别忘了在笔头上落实（批、划、注、笔记）。"

无论"训练"有怎样的弊端，但训练本身对知识技能内化的价值不容否认。没有适度的训练，就不会有扎实的生长。

47. 把课堂变成课型

为什么把课堂和课型并列？二者有什么内在的联系？

课堂之"堂"，至少可以有两种解读：

一是空间或场所，课堂即是上课的场所，如"教室"就是这样的场所。此时，它类似于牧师布道的"教堂"；

二是数量概念，如一"堂"课。"课"总是要"一堂堂"上的，进而才会有叠加累积的效应。

倘若是后者，课堂之"堂"是一种点状性质的数量概念。如果把教学比喻为一段旅程，一堂课就是教学旅程中的一个"点"。教师按照教学进度，一堂一堂，一点一点地朝前推进，点与点之间的联系，要么是纵向联系，要么是横向联系。当然，还存在另一种可能，点与点之间没有必然的逻辑联系，是彼此割裂的关系。

课型之"型"，"型"即"类型"，它意味着井然有序，按照一定的维度形成有类型、有层次、有结构的体系。目的在于把那些星星点点、散漫无序、形式和内容迥异的一堂堂课整合起来，把"堂"变成"型"，把数量概念，点状概念的"堂"变成类型概念，整体概念的"型"。

把课堂变成课型，倡导的是：以课型的方式上课。

对于"课型"，常见的定义是：围绕着某一教学目标或某一教学对象而形成的某一类型的课。这个定义失之于简单抽象，还不能完全涵盖"课型"的内涵。若是以此概念作为依据，在教学实践中可能会带来"课型"的泛化，导致只要具有类型特征的课都被称之为"课型",结果是"伪课型"满天飞。

"课型"不仅是一种类型,而且也是一套体系化的结构和一些必备的标准或标志。我们需从另一个角度追问:

什么意义上的课,才有资格被称为"课型"?

在什么情况下,某堂课只是一堂课、一种课或是一类课,还不是"课型"意义上的课?

只有具备什么条件或者构件,才可以说"课型"形成了?

换言之,课型形成的标准和依据是什么?

只有对此标准和依据有完整清晰的把握,我们才得以进入"课型"内涵的核心。

在我看来,只有具备了如下构件,"课型"才得以成立。

构件之一,明确该课型的育人价值。

这是课型成立的前提,它要求教师对每一个课型独特的育人价值有整体把握,对这个课型对本年级学生和本班学生的综合素养与能力的发展,以及能够满足学生何种成长需要究竟有何种意义等关键性问题,心中有数。这一构件是"学生立场"在课型教学中的具体表现。

构件之二,设计系列化的教学目标和教学内容。

即明确上该课型的课到底做什么?解决什么问题?能够有助于学生的素养和能力达到什么程度?何以确立这些目标而不是那些目标?每个课型的教学目标都必须有两大依据:教学内容依据和学生依据,后者同样具体体现并转化了"学生立场"。

以"汉字文化课型"为例,其整体目标可以确定为:使学生了解汉字演变的历史和独特结构;学会感悟和欣赏汉字的美等。根据不同年段的特征及其要求,每节课都应有更加具体特殊的目标。

确定上述目标的依据,一为教学内容依据,即汉字的结构,字音、字形、字义的特征及其独特的美;二为学生依据,即分析不同年级学生感受汉字文化过程中的基本状态,包括其已有基础、学习兴趣、困难和障碍,以及个体差异等。学生依据要体现年级特征和班级特征。

所谓系列化,有两个维度:一是年级阶段维度。按照年级从低到高的年级发展阶段,各有相应的课型目标,形成纵向系列;二是内容维度。从教学的不同内容、不同方面,形成相对完整的、包容性较大的课型目标和教学内容,形成横向系列。纵横两大系列共同组成了一个完整的体系。这才是"课型"之型的本义:"纵横交织"形成的整体之型。

以"汉字文化课型的序化系列"为例,系列化的课型教学内容可设计为:

一年级:象形会意形声(书面)、灯谜绕口令(口头);

二年级:成语常识(书面)、谚语歇后语(口头);

三年级:对联(书面)、方言普通话(口头);

四年级:绝句、律诗(综合);

五年级:文言文、四大名著;

六年级:文学分类学习。

构件之三,形成该课型的教学过程结构,包括教学程序、步骤和相关要求。该课型进入教学实施阶段后,到底该怎么上,有哪些基本的教学流程?例如,口语交际课型的教学过程和要求是:

第一步:出示主题,明白该主题交际注意事项;第二步:典型情景(正确或不正确性)展示,同学评论,评论中进一步明确要点;第三步:全班分成若干情景组并进行交际语言实践等。

这个构件对于课型的形成非常关键,它的目标是形成该课型的教学过程逻辑,是对课型价值和目标的具体转化,从而进入到教学实施和操作阶段。

构件之四,采用系列化的教学方法、教学技术和注意事项。

针对不同课型的价值、目标和教学流程,需要安排与其匹配的教学方法和技术。如朗读——感悟课型,需要有特殊的朗读指导方法,识字文化课型需要多媒体使用技术,何时放多媒体,如何依据不同汉字的历史和美的内涵,恰如其分地呈现多媒体等,都需要相应的信息技术要求。此外,还应形成一些上此类课型应注意的细节问题,方法和技术总是落实在具体教学细节上。

构件之五,确立系列化的教学评价标准。

除了相对统一的教学评价标准之外,不同课型的评价标准也应有特殊的评价标准。例如,就语文课型而言,无论是识字课型、阅读课型和作文课型,还是基于不同文体的课型,其评价标准(包括评课标准)都应体现该课型的特征。

构件之六,撰写一定数量的教学案例、随笔、论文。

通过它们,可以更有效地感知、领会并总结该课型的特征,及其研究与实践的过程。它们也构成了某一课型的典型范例。它们具有理解课型和运用课型的"载体"作用。

以上述构件为基础,可以重建对"课型"的理解:

所谓"课型",就是通过教师结构化的教学,为了帮助学生进行结构化的学习,围绕序列化的教学目标或教学内容,形成的具有过程性和规律性的操作体系的某一类型的课。

在把课堂变为课型的过程中,可能会出现如下误区:

误区之一,课型研究中的"无学科"。

不同学科都有自己的课型研究,除了关注普遍意义上的课型教学经验之外,教师还可以尽可能返回自身学科,思考诸如"课型研究在语文"、"课型研究在数学"等具有学科特殊性的课型问题。然而,如何使课型研究更能体现学科教学的特殊育人价值和过程逻辑,却是一个常常被忽视的前提性问题。

误区之二,课型研究中的"无人化"。

教师在进行课型研究时，没有育人价值意识，心中只有课型，没有人，变成为课型而课型，失去了课型研究的本义：一切为了学生的主动、健康发展。因此，这样的课型研究常常缺少对学生基本状态的把握，从而使课型研究成为无源之水。

误区之三，课型研究中的"无目标"。

课型研究中的教师，容易将思考重心聚焦在教学过程和教学方法上，但恰恰忽略了"本课型到底要达到什么目标"这样一个前提性问题的思考，结果使课型研究丧失了方向和准确评价的可能。

误区之四，课型研究中的"点状化"。

教师容易固守于习惯的点状思维，体现为对课型内部主要构件之间的关联性缺乏整体思考，对不同课型之间的联系沟通，同一课型在不同年段之间的差异、衔接和层层递进，同一课型不同教学内容、方法之间的关联缺少整体思考。

为此，需要教师形成整体性思维，这种整体思维的形成，仰赖于对学科知识、学科能力构成和学科课型教学过程逻辑的综合把握，来自于对学生生命整体发展的综合性思考，只有综合性地关注课型研究与实践的逻辑，以及学生的认知、能力、情感、态度和价值观等不同维度在相融共生意义上的发展，教师眼中的课型和学生才不是抽象的和割裂的。

课型教学需要的整体结构性和育人价值一起，共同树立了判断课型真伪的标准："真课型"应该是有学生立场和育人价值的课型、是有整体有结构的系列化课型。由此，它触及到了课型之为"课"，课型之为"型"的根本，并展现了一种课型研究新的可能和新的道路。

48. 把教法变成学法

教学作为一个整体，意味着教与学之间存在着转化生成的动态关联。

教学即转化，把教师的"教"转化为学生的"学"。

陶行知和乌申斯基都推崇这一常识，但两个人的理解方式和表达方式有所不同。

陶行知说：

> 我以为好的先生不是教书，不是教学生，乃是教学生学。（陶行知，1981）

这句话虽然简单，但内含了两种重要的区分：

一是"教书"和"教学"不一样。"教书"的对象和落脚点是"书"，"先生"教什么？教的是"书"而已。"教学"的目的则在于"学"：既指"学生"这个角色，也指学生的"学"这个行为，包括学的兴趣、学的方式、学的习惯等。

二是"教书"和"教人"不是一回事。与教书和教学的区别类似，"教人"以"书"为载体，但不以其为目的，"人"才是"教"的目的。所谓"教书育人"，不应是"并列关系"，不是"教书+育人"，而是逻辑上的"因果关系"和"目的—手段关系"，"教书"是为了"育人"而存在的。

逻辑上的"因果关系"，不等于现实中的"因果关系"。"教书"并不必然能够"育人"，有些教书只是"教书"而已。

教师忙于教书，忘了育人，或者以为教书就必定能够育人，因而止步于教书，是教育教学中普遍存在的误区。

当然,教书的结果是害人和毁人的现象,也不少见。

作出明确的区分之后,陶行知又对"教学生学"作了具体的解释,这种解释是有扎实的教育实践经验打底,又是真正懂教育的人,才能说出来的话:

> 教学生学有什么意思呢?就是把教和学联络起来:一方面要先生负指导的责任,一方面要学生负学习的责任,对于一个问题,不是要先生拿现成的解决方法来传授学生,乃是要把这个解决方法如何找来的手续程序,安排停当,指导他,使他以最短的时间,经过相类的经验,发生相类的联想,自己将这个方法找出来,并且能够利用这种经验理想来找别的方法,解决别的问题。(陶行知,1981)

这段话讲清楚了三层意思:

"教学生学",就是教师要避免教归教,学归学,"教"的设计不能离开对"学"的思考。要将教和学真正"联络"起来:"教的法子必须根据于学的法子。"教师心中不能只有自己的教,还要有学生的学,要站在学生的角度,设想当自己教的时候,学生该会怎么学,又该怎么学。

"教学生学",不要用"教"替代了学生的"学",如果学生只会用教师给的现成的方法来学,就会养成对教师的依赖,就会习惯于放弃自己的思考和探究,被教师的喂养和灌输替代。

"教学生学",最重要的"教",是教会学生有独立思考的能力,自主获取知识和掌握技能的习惯。将来离开教师之后,学生可以自己选择甚至创造学习的方法。还是那句话,教是为了不教。

乌申斯基的教学之道可谓与陶行知"心心相印",只是说法有微妙的不同:

> 不是教,而是学——教学,不是教师教,就是通过教,帮助学生学。不是教,而只是帮助学。这种辅导性的教学方式除了许多其他优点之外,还有一个主要优

点,就是这种方法在于学生习惯于脑力劳动时,还使他能习惯于克服这种劳动的艰苦性并体验到这种劳动所给予的那种快乐。对人来说脑力劳动几乎是最艰苦的劳动。幻想是容易的,愉快的,但是思考就困难了。(乌申斯基,1951)

这段话有三个值得咀嚼的关键词:帮助、辅导、快乐。

"帮助"。教学就是"以教帮学",教师无非是为帮助学生学而来的,教师的角色可以多种多样,但都可以归结为一个角色:帮助者。教师就是帮助学生的人。

"辅导"。帮助学生,不是一句空话,需要具体实在的行动,这个行动就是辅导,手把手地教会学生怎样学。

"快乐"。"学"始终是一种艰苦的劳动,辅导的目的,不只是要让学生掌握学习的方式方法,提高学习的效率;还要让他们习惯于这种"艰苦",并逐渐体验到学习的快乐。教师就是帮助学生在艰苦的学习中找到快乐的人。

陶行知和乌申斯基尽管侧重点不同,但讲的是同一个道理:

教学,就是帮助学生学会怎么自主学习。

苏霍姆林斯基结合自己的教学经验,把这个道理说得更加具体:

经验证明,小学首先应当教会学生怎样学习。小学最重要的任务是授予学生一定范围的知识和技能。学习的能力包括一系列与掌握知识有关的技能:会谈、会写、会观察周围世界中的种种现象、会思索、会用语言表达自己的思想。形象地说,这些技能是工具,没有这些工具就不可能掌握知识。(苏霍姆林斯基,1981)

没有掌握这些工具的人,就难以适应社会的需要。

要真正做到"教会",必须在方法上做文章,就要在教学的方法和学习的方法的结合上下工夫,即把教法变成学法。

教法一定是包含了"学法"的教法。没有"学法"的"教法"不是真正的教学,而只是教师在教学中对教的方法的展示,是教师的独角戏,与学生无关。

没有包含"学法"的教学,不是真正的教学。

如何把"教法"变成"学法"？关键有两点:

一是教师备课既要备教法,还要备学法,既要考虑教的情境,也要设想学的情境,学会设身处地考虑:如果学生自己学习掌握,该用什么方法？

二是教师要作出示范,要有现身说法。

例如,要让学生学会"预习",养成预习的习惯。教师只考虑讲预习的意义,预习的方法是不够的,这只是在教法上做文章,教师还必须细致考虑:学生怎么才能理解并掌握"我"讲的内容,怎么把"我"教的预习方法变成他们自己的预习方法。有的老师做了如下总结:

> 教师把一篇课文如何预习,哪里该诵读默读、该思考发问、该翻检查询,该动动笔墨,都像理化教师做演示实验、体育教师做演示动作一般在课堂上过一遍,甚至包括答题文字的组织与表述也做成范例,使学生有法可依,有式可参,比起反复说教要强得多。(陈日亮,2009)

看来,把教法变成学法,教师怎么通过展示或表演,让学生看到可依的"法",可"参"的法,是至关重要的第一步。

此时,作为帮助者的教师,有了三重角色:

"普法者",普及已有各种学法的人；

"帮法者",帮助学生掌握学法的人；

"促法者",促进学生成为自主"守法"、"用法"、"立法"的人。

49. 没有最好的方法，只有最适合的方法

对方法的探索，是教师日常生活的一部分。作为教学实践者，自身有何种教学方法？如何使用这些方法？在某种程度上，构成了教师安身立命的根基。从教学生涯的起始阶段，教师就在逐渐养成一双"方法之眼"，他们用这双眼睛审视自我的课堂，观摩他人的课堂，用这双眼睛去寻觅一切与方法有关的资源，剔除一切与方法无关的东西，在他们的精神世界里，反复回旋着这样的声音：方法，方法，还是方法。

与教学有关的方法如此纷繁，到底该选择什么样的方法，又该如何选择呢？如果对此没有准确清晰的判断，就只能是"乱花渐欲迷人眼"，对方法的迷恋可能就会变成方法的迷雾了。

选择方法的标准在哪里？不在"最新"，不在"前沿"，也不在"大师"和"名师"，而在于"适合"。

世界上没有最好的方法，只有最适合的方法。

不存在什么"好"的教学方法，只有在什么情形下用什么方法教最好，以及用什么方法和什么方法互相配合着使用最好的方法。

这是方法世界中最基本的常识。

"适合"成为判断教学方法是否有价值，以及为自己的教学选择方法的核心标准。

一旦这样的标准在教师头脑中确立，盘旋在教师头脑中的问题不再是："我准备采用什么样的方法，别人有什么样的方法？"而是："什么样的方法适合我的教学？"

接下来的问题更为关键：什么才叫"适合"？判断适合与否的标准和依据是什么？

第一个标准：是否适合所教学科？

虽然天下之道是相通的，有普遍适合于所有学科的教学原则和方法，但各学科也有具有学科特性的特殊方法。如同第斯多惠所言：

> 正确的教学方法并不单纯是任意强加于科目的表面形式，它是从科目的性质产生出来的，是科目的本质。（第斯多惠，1964）

常有人在数学和语文学科间做比较：
"数学教学清清楚楚一条线，语文教学模模糊糊一大片。"
教学内容和思路必须清晰，这应该是数学和语文共有的要求。语文教学的确存在缺乏逻辑、失之于模糊笼统等不足，但数学之清晰与语文之清晰是有差异的，不能以数学之清晰来要求和替代语文之清晰。何况语文本身的特点也要求有一定的模糊性，不太可能像数学那样事事都分析得清清楚楚，一切都线条化和数量化。

这就要求教师必须对所教学科的整体特点，从知识特性到知识转化的过程逻辑有准确的把握，以此作为方法选择的依据。

第二个标准：是否适合教学内容？

即使是同一学科，不同的教学内容需要有相对应的教学方法。同样是教语文，不同的教学内容，如说明文、记叙文、议论文和古诗词等，因体裁和主题差异会导致教学方法的差异。如若以说明文的方式教记叙文，多半会"张冠李戴"和"拉郎配"。

即使是同一个具体的教学内容，若让不同教师来教，也会有不同的方法选择。例如，同样是一篇记叙文，则可能会有六种不同教法：有教朗读方法的，有教词语理解方法的，有教点评方法的，有教分析故事情节的，有教续编故事的等等。这表明了方法选择过程的复杂性和多样性。

第三个标准：是否适合学生特点？

同一内容，放在不同年级段或不同发展阶段、不同班级、不同基础水平的学生面前,需要有不同的教学方法。例如,同样教古诗词,放在小学低年段教,与放在小学中年段、高年段或初中阶段教,教学方法应该有差异。

将教学方法的选择和学生特点结合起来,还可以聚焦学生某一方面的能力的训练和提升,设计不同的台阶或步骤,来选择不同的教学方法。

例如,有研究者指出,在数学教学中,至少可以从以下几个台阶,选择相应的方法,来提升学生思维水平的层次:

第一台阶:以"量"和"速度"的方法来体现。

第二台阶:以"质"的方法来体现。

第三台阶:以"结构化"的方法来体现。

第四台阶:以数学化的方法来体现。

再以语文教学为例,许多教师都采用让学生对文本进行批注的方法。一个有台阶感、步骤感的教师不会拘泥于只有一次批注,而是有三次批注,三次不是量的意义上而是质的意义上的三次,是一次比一次有台阶提升的批注。也可称为三度批注。

一度批注,重在理清文章思路;

二度批注,重在品味关键词句、段落;

三度批注,重在记录倾听老师和同学互动之后的感发生成。

第四个标准:是否适合教师个性?

每个教师都有自己的个性风格和教学习惯,在别的老师那里好的教学方法,在"我"这里不一定适合。有的教师个性张扬,激情澎湃,语速很快,有的教师则个性低调,比较内敛,语速慢慢悠悠,从容不迫,要让后者学习模仿前者的教学方法,难免"东施效颦",适得其反。

对合适教学方法的选择,体现了思维方式的渗透和引导。

其一,从点状思维到整体思维。整体思维意味着教师选择和设计教学方法时,总是试图从整体上考虑每一种教学方法、内容的定位,考量不同方法之间、不同教学内容之间,以及每一种方法与特定教学对象之间的内在关联,不会撒豆子一般把各种方法、各种教学内容撒到课堂的各个角落,而是试图把点状的方法、问题连成线,再把线构成面。这意味着,即使是"天女散花",在散花前教师已经对每一朵花的具体落点,以及散花后构成的整体图形心中有数。

例如,从提问的角度看,每堂课教师都会提出各种问题,具有点状思维的教师心中只有一个一个的问题,具有整体思维的教师则会考虑不同问题之间怎么构成相互呼应,层层递进的关系,构成一张具有张力的问题网络,从而形成一种与教学内容相应的问题结构。在这个意义上,整体思维也就是结构思维,它是对散装思维、无序思维的提升。

其二,从静态思维到动态思维。动态思维意味着教师不会固定不变地使用某一方法,不会把教学方法和教学对象的关系看成是一成不变的。相反,具有动态思维的教师,会随着教学内容变化、学生状态的变化,弹性化地形成对教学方法与教学对象关系的认识,在他眼中,一切均在流变,一切均在生成,一堂课到底采用什么方法,以及这样的方法可能会产生什么效果,要视具体情况而定。这说明:

教师对方法的使用,从目标、过程和结果都是动态生成的,始终是在流淌中前行的。

其三,从结果思维到过程思维。过程思维意味着教师在课堂上对教学方法的检验,不会满足于展现学生学习的结果和对这一结果的评价。反之,教师无论采用哪种教学方法,都试图去展现学生解决问题的思维过程,包括过程中的难点、障碍点及各种错误,具有过程思维的教师始终相信:解决问题的过程具有重要的价值,远比解决问题的结果对学生的成长更有价值,同样,对这一过程的关注对教师也具有不可替代的成长价值。

其四,从简单思维到复杂思维。复杂思维意味着教师将把教学方法的使用过程视为线性和非线性的交错,必然与偶然的交错,不再把教学视为单向的过程,不再只是把教学流程看成线性流动的必然的过程,具有复杂思维的教师允许课堂出现意外、偶然、中断、倒退甚至不和谐的噪音,随时准备原先有效的方法变成无效的方法。

可以发现,对教学方法是否适合的判断和选择,是一个综合因而复杂的过程,这个过程对于教师的发展有独特价值。它有助于教师培养如下意识：

适切意识。教师能够自觉地对自己习惯使用的方法从是否适合教学对象的角度进行审视，他会竭力避免割裂式思维，防止将方法和教学对象割裂开来，从而将方法孤立化。他会自觉采用关系式思维，基于这种思维的教师，其教学中的敏感不是对方法的敏感，而是对关系的敏感，即对自己的方法是否适合教学对象的敏感。

视角意识。教师能够自觉地体认自我习惯的视角，无论是听别人上课，还是听别人评课，都不会只满足于听出观点来，听出方法来，更会自觉地听出视角来，用别人的视角来丰富自我的视角。

台阶意识。教师能够自觉地体察教学过程中是否有台阶感、步骤感，也就是阶段感。他会对不同台阶、步骤和阶段之间如何构成提升和转化的关系保持高度敏感，他会对教学始终在一个台阶上打转而焦虑不安……

分析单位意识。教师能够自我觉知自己对教学有没有，以及有什么样的分析单位，当他发现自己对教学的理解，对教学内容的理解，对学生的理解出现问题时，他首先想到的是自己的分析单位是否出了问题，而不是首先想到自己的某一个具体观点、具体方法正确不正确、合理不合理。他改造自我的方式，不是从一个具体的分析教学和学生的方法入手，而是从改造或者重建自我的分析单位入手。他对这样的观念有清晰的觉知：如果自身已有的分析单位，以及由此构成的分析框架不变，自己在教学上的变化永远只是在修修补补。

思维方式意识。教师能够不满足于只是努力地展开思考，他会时常跳出来，对自己的思考本身进行思考，他会不断地提醒自己：我过去或者正在用什么样的思维方式来思考我的教学内容，思考我的学生，这些思考方式带来了什么？可能的问题是什么？根据如今的教学理念，我还可以有什么样的思维方式？

在这个资源丰富以至于繁杂的时代，最艰难的是选择，最有挑战和发展价值的也是选择。教师选择最适合的教学方法的过程，就是提升教师判断能力、辨析能力和思维品质的过程，因而是提升整体素养的过程。

50. 以结构化的方式教学

万事万物都有结构。要探寻一事一物的存在和运行之理,必须深入到它的结构深处。

"结构"是什么?"构"是"构件","结"则为"结合",结构就是不同构件之间的有机结合。

如同人体结构,宏观上由不同的器官构件组成,不同器官之间的相互结合构成了人体的结构。微观上由各种细胞构成,细胞构件之间的和谐共生使生命得以正常运转。

所谓"有机",就是不同构件之间的关系是相互关联、共存共生的关系,任何一个构件出了状况,都会对其他构件产生影响,也就是所谓的"牵一发而动全身"。人体疾病衰败是不同构件关系的失调造成的,人体的消亡,是不同构件之间已经无法维持正常的协作而导致的"关系破裂"所致。当生命消失,不同构件之间的关系就从"有机"变成了"无机",彼此之间已经没有任何瓜葛,只有深长永恒的死寂默然。

教学之"事",也有自己的结构。寻找教学之"道",须得从教学结构入手。

教学结构,是"教的结构"和"学的结构"这两大结构之间的整体转化。

"整体"自不必多言,它是对"割裂"和"加法"的一种超越。

"转化"是双向的,既是教的结构向学的结构的转化,即把教法变成学法,也是学的结构向教的结构的转化,学生怎么学也会影响到教师怎么教。

"学的结构"来自于并取决于"教的结构","学的结构"是在"教的结构"的启发、唤醒和引导中生成的。把教法变成学法，前提是要有适当的教法。

所以"教的结构"是关键。它与两个问题有关：

教什么结构？"教"自身有什么结构？

"教什么结构"，最初是针对"教学内容"而言的，是有关"教师教什么"的结构化。这里的内容首先与整体的"学科"有关。曾经在20世纪80年代的中国产生过很大影响的美国学者布鲁纳说过：

> 教某门学科，其任务就是按照这个年龄儿童观察事物的方式去阐述那门学科的结构。（布鲁纳，1982）

这个观点依然没有过时。一个学科所以成为"学科"，总得有自己的特殊结构，有此结构，则学科立，无此结构，则学科亡。结构是学科的命脉和魂魄。把学科的结构教给儿童，就是把学科的魂安放入儿童的内心，这个魂有自发生长的力量。

对于教师而言，要教给学生的第一个结构，是某个学科的知识内容结构（以下简称"知识结构"）。教给学生的不是"知识"，而是"知识结构"。知识是散点的、割裂的，知识结构则是整体的、综合的，也是对已有知识的结构化呈现。

例如，有老师教儿童"写人记事类记叙文"的相关知识时，以知识结构的方式帮助学生进行了结构化的梳理：

> 从参与的事与人看，写事的记叙文有一人一事，一人多事，几人一事，几人多事；写人记叙文有通过一件事写一个人，有通过几件事写一个人，有通过一件事写几个人的；从记叙方式看，常见有三种：顺叙、倒叙和插叙；从记叙的观察点视角看，分为旁观视角、参与者视角、当事人自述视角和知情者视角；从描写方法的角度，有肖像描写、行动描写、对话描写、细节描写、直接描写、间接描写等。

当教师梳理的这种知识结构,通过"教"转化为"学"之后,学生获得的就不是点状的记叙文知识,而是对该类知识整体的"结构性了解"。

除了教"知识结构"之外,还需要教"方法结构"。

要学习掌握知识结构,必须有恰当的方法。方法是多样的,不同的方法构件之间也有内在的关联,组成了"方法结构",不同的知识结构必定有与之相配的方法结构。因此,教知识结构的同时,必须教方法结构。这一同时展开的过程,就是把教法变成学法的过程。

如上,当写人记事类文章的知识结构展现给学生之时,教师还可以指导学生总结出:"品词、品句、品读中感悟,想象中感悟,角色扮演感悟,课外延伸感悟,以及联系生活实际感悟"等由五种方法构成的方法结构。

要让知识结构和方法结构真正为学生掌握,还要在"教结构"之后,安排一个"学结构"的环节,让学生运用已学过的知识结构和方法结构,自主学习新的内容。

"教结构,用结构"这个过程,对于儿童智力的培育,思维能力的提升具有重要作用。皮亚杰说:

> 智力的基本功能在于理解与发明,换言之,通过构成现实的结构来构成内心的结构。(皮亚杰,1982)

最初,教师试图教给学生的知识结构和方法结构,都是外在于学生的现实结构,一旦学生学会并在运用中内化,它们就变成了学生内心的结构,从此积淀下来,成为其精神世界的主要构成。

教结构的目的,就是通过结构化的教学,转化形成为学生的知识结构和方法结构,让学生自主开展结构化的学习。

谈完"教什么结构",再说"'教'自身有什么结构"。这种结构由"教的方法结构"和"教的过程结构"组成。

教的方法结构,是有关"教师怎么教"的各种方法的结构化。这些方法总是围绕着

某一种或某一类知识而生的。例如,就"作文指导课"这一内容,有老师总结出相应的"教的方法结构":

课前准备:读习作→分类别→找问题→印例文
课堂指导:总结优劣→呈现问题→组织评改→总结方法

教的过程结构,是针对教师在课堂上的教学过程而言的。它既指教师如何教给结构的方法,也是指运用这些教学方法的过程。其背后是对体现某一知识结构特征的过程逻辑的寻找和确认。不妨再以"写人记事类记叙文"为例,与之相应的教学过程结构可以概括为:

当教师既明确了"教什么结构",也对"教自身的结构"有清晰的把握,这样的教学就变成了结构化的教学。它是教学走向科学有效的必然途径。

要使上述结构化教学在日常教学中得到扎实有效的运用,教师头脑中要有五个方面的清晰:

(1)教什么结构要清晰;

(2)不同结构之间的联系要清晰;

(3)学生走进课堂前已经有什么样的结构要清晰;

(4)用什么策略让学生掌握某个结构要清晰;

(5)走出课堂时,对学生是否掌握了教师所教的结构要清晰。

如上各种形式的清晰提醒我们:教师在教学中的清晰,不应是点状的清晰,而应是基于结构意识的整体式结构式清晰。这样的清晰带来的扎实,就是整体的扎实,而不是点状的扎实。

51. 教,是为了不教

叶圣陶说：

  教师教任何功课(不限于语文)，"讲"都是为了达到用不着"讲"，换个说法，"教"都是为了达到用不着"教"。怎么叫用不着"讲"用不着"教"？学生入了门，上了路了，他们能在繁复的事物之间自己探索，独立实践，解决问题了，岂不是就用不着给"讲"给"教"了？这是多么好的境界啊！（叶圣陶,1980）

当教师已经无需再"教"之时，学生已经进入了"生命自觉"的境界。它给我们带来五条启示：

第一条启示：教育从一开始，就是为"教育者的离开"和"教育的终止"做准备的。

"教"其实不是目的，"不教"才是教育的目的。"教"只是通向"不教"的必经之路。教育的发展逻辑，就是"从教到不教"的逻辑。"从教到教"的教育，是半途而废的教育。

第二条启示：教育存在三种境界："教而不生长"、"教而生长"和"不教而生长"。

"教而不生长"是常见现象，这是教育的浪费，也是教育的悲哀。

"教而生长"是教育的理想境界，但远非最高境界。

"不教而生长"，如同"不战而胜"一样，是教育的最高境界。当然，必须以"教"作为前提和铺垫。

第三条启示：教育者既要思考"教的时候，自己应该如何"，同时也要考虑"不教的时候，学生会如何"。

教师把大量精力投入到"教的时候"，有时效率不高，是因为没有同时聚焦另一个情境"不教的时候"，想象这样一些场景：

当我闭嘴不谈各种观点的时候，学生能否言说自己的观点？

当我不再提出问题的时候，学生能否自己提出问题？

当我不再教学生如何思考问题的时候，学生能否自己去思考问题和解决问题？

当我停止讲授方法的时候，学生能否自己去运用方法，甚至自己去选择和创造适合新的学习内容的方法？

......

最糟糕的是，因"教"而产生的效果，一旦进入到"不教"之时，就烟消云散。随着教师的离开，学生关闭了学习的通道，任由教过的东西在头脑里遗忘和腐烂。

这样的教育，就是失败的教育。或者说，这是所有教育失败的根源。

第四条启示：教育的目的和成效，可以归结为，"如何为了不教而教"。

要达到不教的境地，教育者最需要做的是将"教"和"不教"联系起来。提出并需要解决的问题是："教的时候如何为不教的时候做好准备？"

所谓"教育就是帮助学生开掘幸福生活的源泉"，就是帮学生准备好"教师不教"后自己生长的源泉：好奇心、乐趣、方法、能力和习惯，它回答了这样一个问题：

什么情况下的"教"，可以通向"不教"？

当学生有了好奇心，自主去摸索、去探究的时候，可以不教了；

当学生有了乐趣，体验到成功的快乐的时候，可以不教了。

当学生有了方法，能够自主选择、运用和创造方法去解决问题的时候，可以不教了。

当学生有了能力，得以自如应对各种困境和挑战的时候，可以不教了。

当学生有了习惯，不用教师催促，也无需自我刻意为之，学习如同吃饭睡觉一样自然而然的时候,可以不教了。

第五条启示,教师既要清楚"什么需要教",还要明白"什么可以不教"。

教育是累加的过程,不断在学生的精神世界中增添新的生命能量。但教育不能只做加法,否则会不堪重负。教育需要做的减法就是渗透在每一堂教学设计中的追问:什么可以不教?

只有明白了"什么可以不教",我们才可以更加清楚"什么是最需要教的"。

周国平讨论过爱因斯坦提出的一条教育箴言:"忘记了课堂上所学的一切,剩下的才是教育。"它脱胎于怀特海的一段论述,大意是:抛开了教科书和听课笔记,忘记了为考试背的细节,剩下的东西才有价值。周国平的阐释是:

> 那个应该剩下的配称为教育的东西,用怀特海的话说,就是完全渗透入你的身心的原理,一种智力活动的习惯,一种充满学问和想象力的生活方式,用爱因斯坦的话说,就是独立思考和判断的总体能力。按照我的理解,通俗地说,一个人从此成了不可救药的思想者、学者,不管今后从事什么职业,再也改不掉学习、思考、研究的习惯和爱好了,方可承认他是受过了大学教育。(周国平,2000)

剩下来的东西,依然还是"教"的产物,是"因教而来的生长",是"教而剩"。随着岁月的流逝,它们是沉淀下来,剩下来了,但还是有继续剩下去的可能,最后可能全部剩还了老师。

还存在另一种可能,即"不教而剩",它是"不教而来的生长"。这样的生长,不是老师教剩给学生的东西,而是老师不教之后,学生自己生长过程中留存下来的东西,这是最珍贵的,也是真正属于学生自己的东西。

说出"我"心目中的教育常识

一直想写一本大部分教师都愿意看、读得懂,也用得上的书。本书以此为目标,不管结果如何,我已经尽力了。

近几年,在教育常识的丛林中,我如同蜜蜂一样不停地到处飞舞。我不能保证采集而来的"蜂蜜"如何甘美,但我能肯定它们带着我特有的体温和气息。必然会有行家会对我选择并表达的"教育常识"心存疑虑和不满,在感谢这些为我带来提醒和清醒的批评之余,我还想说,本书所有的"教育常识"及其理解,都出于"我"的眼光,它们反映了我的标准和我的局限,同时也或多或少折射了我所处时代的特点,是这个时代的"我"所能走出的广度、深度和高度,因而有时代的局限和自我的局限。

我相信,每个人都可以提出并创造自己的常识标准,但都不能替代他人的标准,如果世界上多一些标准,就多了形成共识,走向和谐的可能。

正是在这个意义上,我尽力了。

我一直在努力寻找属于自己的句子。

四十岁之后的我,最大的不惑,是对何谓"尽人事,知天命"有愈加透彻深切的体验。

在奔往知天命的路上,命运的大幕渐次拉开,此生的命运逐渐清晰,这个降生在此时代,被命名为"李政涛"的生命,他的躯壳和灵魂,是为教育而生的,他的人生是为教育的人生,为人生的教育。这个生命是为讲台而生,为书斋而生,为孤独而生的。

也许经过无数的艰难困苦,注定依然是孤独的一生,那又有何妨?早有智者告诫过我：

"如果我们要多结果子，就必须先被埋在黑暗和孤寂中。"

这并不意味着年少时期的豪情会轻易隐没。我依然怀揣着马克思当年的梦想：重要的不是解释世界，而是改变世界。哪怕是微不足道的改变，也是证明自我生命价值的方式之一。

命中注定我无法通过行政权力和科技创新的方式改变人世，我所能做的，只是在书斋里，在课堂上，在教育田野中，以书生的方式，尽我所想、尽我所言、尽我所行、尽我所写，为那些同样命中注定，将肉身和灵魂投入于教育世界中的生命而思，为那些有生命之缘的读者而写，他们可能是我的同时代人，也可能是未来时代的生命，他们在未知的时空里，也许会与我稚嫩的文字，与我曾经鲜活过的魂魄相知相遇，感受到心灵共振时的微妙声响。我将为此感恩和祈祷。

《新约·希伯来书》有言：

存心忍耐，奔那摆在我们前头的路程。

《荒漠甘泉》的解释令人默然凝神：

这是一件非常困难的事情，"奔"的时候，常是缺乏"忍耐"的时候，因为"奔"常是急切想达到目的。我们平常说起"忍耐"，立刻就会联想到"静止"。然而我以为静止的忍耐，并不是最难做到的忍耐。有一种忍耐更难做到，就是同时能"奔"的忍耐。固然，在悲伤的时候不动，在不幸的时候不言，需要极大的忍耐。可是需要更大的忍耐的事，是在心中负着重压，仍不停止前"奔"，灵魂深感痛苦，仍然勉力尽职。这是何等可贵的又等又奔的忍耐。

要达到如此"奔而能忍"、"奔而能静"的状态，又需要何等漫长的修炼和熬炼。

写作此书时，我的书桌上和枕边总是放着路遥的书，他的《早晨从中午开始——〈平凡的世界〉创作随笔》，我每隔一段时间就要重读。路遥记下了准备落笔修改最后一页时的场景：

一开始写字手就抖得像筛糠一般，竭力想控制自己的感情。但实际上是徒劳的。为了不让泪水打湿稿纸，将脸迈向桌面的空档。百感交集。想起几年前那个艰难的开头。

经过百般的克制，终于写完之后：

我来到卫生间用热水洗了洗脸。几年来，我第一次认真地在镜子里看了看。我看见了一张陌生的脸。两鬓竟然有了那么多的白发，整个脸苍老得像个老人，皱纹横七竖八，而且憔悴不堪。我看见自己泪流满面。索性用脚把卫生间的门踢住，出声地哭起来。我向另一个我表达无限的伤心、委屈和儿童一样的软弱。

每次读到此处的我，同样泪流满面，而且如此轻易。

此刻，我与这个已逝的灵魂相遇，仿佛找寻到了西蒙娜·薇依所言的"灵魂的配偶"。回想多年来挺着疾病缠身、瘦弱不堪的身躯，孜孜于命定的人生之路，忍受着只有最亲的亲人，才能体会到的身心兼具的艰难困苦，我才会对路遥那一刻的心境有着通灵般的感受。

虽然，在文学的意义上，路遥的小说并不是我欣赏的类型。但他的精神却有着动人心魄的力量。这种内在的力量是中国当代作家中所普遍稀缺的，能够在精神上和他媲美的作家罕见，也许，还有史铁生、张炜……

面对人生的苦难，沈从文时常发出的"苦难中的微笑"更能打动我的灵魂：

这微笑有生活全部屈辱痛苦的印记。有对生命或人生无比深刻的悲悯,有否定,有承认。有《旧约》中殉教者被净化后的眼泪。

怀着悲悯之心,思考教育和做教育;怀着悲悯之情,直面惨淡的人生和伤痕累累的世界;怀着悲悯之意,对人性的不完美发出同情式的微笑……

从这些罕有的灵魂中汲取的精神力量,转化为我对自己的严厉告诫:

不容许懈怠,不容许自我宽恕,自我原谅,自我同情,自我麻痹,自我固化。

可以忍受肉体上的枯瘦、软弱和蓬头垢面;绝不能忍受心灵上的枯瘦、软弱和蓬头垢面。

……

在时光残酷的流逝中,我愈发感到时不我待:如此卑微的人生,还有多少光阴,能为如此浩大无边的世界贡献点什么。

在书写我心目中的教育常识的过程中,我生成了一些对教育理论与教育常识关系的感悟。也许,我们需要及时把最新且被验证为可靠的教育理论,变为日常教育生活中的常识。理论不仅要求"新",也要求"常"。我以为,不能变为常识的理论,不能说是没有多少价值的理论,但肯定是价值没有得到充分体现的理论。

本书的不少常识及其感悟,都来自于我参与的"新基础教育"研究,这项从1994年开始延续至今的学校变革实践,已经成为我思想的源泉。每念及此,感恩之情则充盈心怀……书中列举了许多来自一线教师的案例,受到此书体例的限制,无法一一注明出处,在此一并表达我的歉意、谢意和敬意。我的硕士研究生陈兰、李学良先后参与了部分资料搜集和校对工作,他们以自己的方式参与了感悟常识、表达常识和再造常识的过程。在酝酿和写作过程中,华东师大出版社编辑刘荣飞君展现了耐心的等待和催稿的非凡艺术才能,例如,当他发现时间已经不能再拖下去之时,极为委婉和克制地向我表达了一种发生在他身上的常见现象:因为这个选题和这本书产生了"焦虑性兴奋"和"激动性失眠"。随后,他的失眠就变成了我的失眠。

与以往自己的书一样,本书也留下了诸多令人摇头的遗憾,有的遗憾已经难以弥补,只能"抱头痛哭"。我将努力在以后的修订版中弥补。如果,还有"以后"的话。

无论如何,与多数人相同,我也希望当下自己所做的工作,是一种前无古人,后有来者的工作。

——终于说出了这句很多人都想说,但不好意思说,最终忍着还是没有说出来的话。

上帝啊,请原谅我的坦诚吧……

2012 年 2 月 12 日
写于韩国江原道春川
2016 年 1 月 28 日
改于华东师大

参考文献

著作类(按出版时间排序)

《论语·雍也》。
《学记》。
《王文成全书》卷七。
张载:《经学理窟·学太原(上)》。
颜元:《弃学编》,卷二。
乌申斯基:《论人民教师的权威》,作家书屋1951年版。
洛克:《教育漫话》,人民教育出版社1957年版。
第斯多惠:《德国教师教育指南》,载《西方资产阶级教育论著选》,人民教育出版社1964年版。
卢梭:《爱弥儿》,载《西方资产阶级教育论著选》,人民教育出版社1979年版。
夸美纽斯:《大教学论》,人民教育出版社1979年版。
赞可夫:《和教师的谈话》,教育科学出版社1980年版。
叶圣陶:《叶圣陶语文教育论集》,北京教育科学出版社1980年版。
陶行知:《陶行知文集》,江苏教育出版社1981年版。
陶行知:《育才学校教育纲要草案》,载《陶行知文集》,江苏教育出版社1981年版。
陶行知:《创造的儿童教育》,载《陶行知文集》,江苏教育出版社1981年版。
陶行知:《新教育》,载《陶行知文集》,江苏教育出版社1981年版。
陶行知:《伪知识阶级》,载《陶行知教育文选》,教育科学出版社1981年版。
陶行知:《教学合一》,载《陶行知教育文选》,教育科学出版社1981年版。
苏霍姆林斯基:《给教师的一百条建议》,天津人民出版社1981年版。
苏霍姆林斯基:《给教师的建议》(下),教育科学出版社1981年版。
黄炎培:《告宁属青年同学与爱护青年同学者书》,载《黄炎培教育文选》,上海教育出版社1985年版。
顾城:《朦胧诗选》,春风文艺出版社1985年版。
杜威:《民主主义与教育》,人民教育出版社1990年版。

泰戈尔著,冰心译:《泰戈尔散文诗全集》,浙江文艺出版社 1990 年版。
凡·高:《凡·高自传》,湖南文艺出版社 1991 年版。
吴立昌:《人性的治疗者——沈从文传》,上海文艺出版社 1993 年版。
小原国芳:《小原国芳教育论著选》(上卷),人民教育出版社 1993 年版。
里尔克著,冯至译:《给青年诗人的十封信》,生活·读书·新知三联书店 1994 年版。
黎锦熙:《黎锦熙语文教育论著选》,人民教育出版社 1996 年版。
乔斯坦·贾德著,冰心译:《纸牌的秘密》,作家出版社 1997 年版。
叶澜:《教育研究方法论初探》,上海教育出版社 1999 年版。
叶澜:《"新基础教育"探索性研究报告集》,上海三联书店 1999 年版。
周浩波:《教育哲学》,人民教育出版社 2000 年版。
希尼著,吴德安等译:《希尼诗文选》,作家出版社 2001 年版。
赫尔巴特:《赫尔巴特文集》教育学卷二,浙江教育出版社 2002 年版。
沈从文:《沈从文全集》,北岳文艺出版社 2002 年版。
郑金洲:《教育文化学》,人民教育出版社 2003 年版。
国际 21 世纪教育委员会:《教育——财富蕴藏其中》,教育科学出版社 2005 年版。
帕克·帕默尔著,吴国珍、余巍译:《教学勇气——漫步教师心灵》,华东师范大学出版社 2005 年版。
阿尔贝特·施韦泽著,陈泽环译:《敬畏生命》,上海人民出版社 2006 年版。
叶澜:《新基础教育论》,教育科学出版社 2006 年版。
郑桂华、王荣生编:《语文教育研究大系:中学教学卷(1978—2005)》,上海教育出版社 2007 年版。
罗杰斯:《班主任一定要面对的 9 个问题》,中国青年出版社 2008 年版。
考门夫人著,阳东、信实译:《荒漠甘泉》,陕西师范大学出版社 2008 年版。
陈日亮:《我即语文》,福建教育出版社 2009 年版。
李政涛、吴玉如:《"新基础教育"语文教学改革指导纲要》,广西师范大学出版社 2009 年版。
周国平:《周国平论教育》,华东师范大学出版社 2009 年版。
河合隼雄著,王俊译:《孩子的宇宙》,东方出版中心 2010 年版。
胡适著,潘光哲编:《容忍与自由:胡适读本》,法律出版社 2011 年版。
威廉·H·麦加菲:《给孩子最美的教育:麦加菲美德读本》,新世界出版社 2012 年版。

期刊类(按出版时间排序)

李政道:《希望同学们早日成人》,《人民教育》杂志 1989 年第 1 期。
谷川俊太郎:《大人的时间》,《诗刊》2003 年第 1 期。